novum ▲ pro

AF150802

JOHANNES HRONER

Ein seltsames, sinnloses Leben

Die Geschichte eines Ungeliebten
der am Leben hängt

Dieses Buch ist auch als
e-book
erhältlich.

Bibliografische Information
der Deutschen Nationalbibliothek:

Die Deutsche Nationalbibliothek
verzeichnet diese Publikation in
der Deutschen Nationalbibliografie.
Detaillierte bibliografische Daten
sind im Internet über
http://www.d-nb.de abrufbar.

Alle Rechte der Verbreitung,
auch durch Film, Funk und Fernsehen,
fotomechanische Wiedergabe,
Tonträger, elektronische Datenträger
und auszugsweisen Nachdruck,
sind vorbehalten.

Gedruckt in der Europäischen Union
auf umweltfreundlichem, chlor- und
säurefrei gebleichtem Papier.

© 2024 novum Verlag

ISBN 978-3-7116-0103-2
Lektorat: LH
Umschlagabbildung:
Andrey Chaikin I Dreamstime.com
Umschlaggestaltung, Layout & Satz:
novum Verlag

www.novumverlag.com

Druckprodukt mit finanziellem
Klimabeitrag
ClimatePartner.com/16547-2311-1001

Inhaltsverzeichnis

Vorwort

Dieses Buch habe ich in erster Linie für meine Tante geschrieben, die jetzt über 90 Jahre alt ist und meine einzige Verwandte ist, die mich liebt und immer geliebt hat.

Ich schreibe dieses Buch auch für Menschen, die mich gekannt haben, kennen und erkennen, und vielleicht kann ich damit ja auch sehr viel mehr Menschen unterhalten und ein Lächeln oder eine Träne bei ihnen hervorrufen.

Ich brauche einfach noch viele Pluspunkte beim lieben Gott und muss meine Minuspunkte abbauen und irgendwie bilde ich mir ein, wenn ich bei Menschen Emotionen erwecke, hilft das.

Ich befinde mich jetzt im letzten Abschnitt meines Lebens, und dass ich dieses Buch veröffentliche, gehört einfach zu meinem Leben dazu, wie mein kleiner Finger.

Ich möchte mit diesem Buch niemanden verletzten oder beschuldigen. Der Inhalt entspricht meiner subjektiven Wahrnehmung der Welt.

Kapitel 1

Die Geburt und ersten Tage

Wieso bin ich jetzt da? Das Licht wird heller.
Die geborgene Zeit vorbei.
Jetzt höre ich nur noch dieses Geschrei.
Das bin ja ich,
so klein und laut.
Ist ja noch viel zu früh! Sechs Wochen zu früh höre ich ihn sagen,
einen Mann mit weißem Mantel und mit weißem Kragen.
1961, das schon noch gefährlich war.
Die Medizin war noch nicht so weit.

Ich bin gesund, kein Contergan.
Meine Mutter, trotz ihrer vielen Schmerzen,
eine andere Tablette nahm
Eine Glatze mit ein paar blonden Haaren hatte ich,
wie ich dann später mal erfahren habe.
Dann sehe ich sie, bisher oft nur Geschrei gehört,
ihr Weinen und auch ihr Lachen,
gespürt habe ich auch ihre Wut.
Lange schwarze Haare,
die Wangen gerötet, total verschwitzt.
Der August brachte extrem heiße Tage.
Ich wurde gewogen,
an ein schreckliches Gerät angeschlossen.
Drei Tage lang habe ich Tränen vergossen,
fern von der Frau mit den schwarzen Haaren.
Es ging nach Hause. Meine Wiege war vorbereitet,
aber was soll ich da? Mann, ist das langweilig.
Ich schreie, habe Hunger, Durst und bin allein.

Wo sind denn die verdammten Schweine,
die Schuld sind, dass ich hier sein muss,
statt weiter auf der Wolke zu schweben
Ich bin voller Verdruss.
So also wird mein Leben sein.
Ich sterbe in der Einsamkeit
und niemand steht für mich bereit.
Dann kam ein schlanker, dünner Mann vorbei
mit strahlenden blautürkisen Augen.
Das ist ja unverschämt, kaum zu glauben,
bei mir sollten es braungrüne werden.
Die sollte ich von meiner Mutter erben.
Der Mann war mein Vater. Damals 22 Jahre alt.
Er war herzlich, hat sich um mich gekümmert,
doch wenig gesprochen
und sich oft in sein Schneckenhäuschen
verkrochen.
Er hatte tolles schwarzes Haar,
war ein Fan von Bill Hayley,
ein super Rock'n'Roll Tänzer,
gern gesehen bei den Frauen
und auch ein Schulschwänzer.
Warum er ausgerechnet meine Mutter dann fand,
ist mir ein Rätsel, ist mir nicht bekannt.
Mein Vater war Maurer, später Stuckateur.
Er konnte nicht schreiben, hatte es nie richtig gelernt.
Er war aber bestimmt nicht doof.
Er war ein Landkind, groß geworden auf einem Bauernhof,
und ein Kriegskind war er auch.
Sie haben die Sieben- bis Vierzehnjährigen
in eine Klasse gesteckt. Wer mitkam, hatte Glück
und wer nicht mitkam, hatte Pech.
Oft erzählte er mir Geschichten vom Krieg,
wie die Kinder auf dem Schulweg in die extra dafür
vorbereitenden Löcher springen sollten, um sich vor
den englischen Bombern zu schützen, oder wie sein Vater,

also mein Opa, in russischer Strafgefangenschaft war und dank seiner gesanglichen Begabung viel früher heimkam.

Auch mein Vater sang gerne und konnte zum Beispiel das Lied vom Weiß Ferdl „Ein Wagen von der Linie 8" auswendig. Das sang er mir eigentlich immer vor, wenn wir zusammen in der kleinen Badewanne badeten.

Er war auch oft traurig und still,
und er sagte immer zu mir, rede doch nicht so viel.
Er wurde auch dann sehr, sehr laut,
wenn man nicht zuhörte oder sich traute,
etwas gegen ihn zu sagen. Widerworte zu verwenden,
konnte dann sehr böse enden.
Lautes Gebrüll war dann zu hören
und man durfte ihn eine Zeit lang nicht stören.
Unsere erste Wohnung war so klein, da konnten
Wir nur zu dritt sein.

Meine Mutter war 19 Jahre alt, als ich geboren wurde.
Sie wollte aus ihrem Zuhause ausbrechen.
Der zweite Mann meiner Großmutter war ihr nicht geheuer.
Ein schwerer Mann, für sie ein Ungeheuer?
Aber klar, mit so einem Mann ab dem vierzehnten Lebensjahr Zeit zu verbringen ohne Dusche und Bad und mit Waschen am Waschbecken in einer alten Münchner Stadtwohnung mit einer Gemeinschaftstoilette pro Etage ist auch nicht gerade wunderbar.

Sie ging in München auf die Handelsschule, konnte gut Englisch, ein paar Brocken Französisch und hatte eine gute Anstellung bei einer Versicherung.

Und dann kam ich!

Dieser seltsame Mensch, der sich heute noch in die Lage als Zweijähriger versetzen kann. Na ja, jetzt will ich mal nicht übertreiben, als Dreijähriger.

Der heute hier sitzt und sowas schreibt, der oft ein Einzelgänger war, vielleicht nicht wirklich ein Einzelgänger, aber ein Einzelgänger in seinem Kopf, und es werden noch viele Beispiele in diesem Text, Roman, Gedicht folgen, die das belegen.

Kapitel 2

Kleines Kind

Oh, bin ich ein hübsches Kind! Ach, bin ich lieb!
Blonde Haare, der Vater hatte die als Bub auch.
Die Tanten so begeistert.
Der reiche Großbauer vernarrt.
Gekriegt habe ich alles.
Die Schubladen waren
immer gefüllt mit Süßigkeiten.
Dieses Problem begleitet mich heute noch beizeiten.
Recht früh konnte ich sprechen, eher spät gehen.
Jetzt war das Leben richtig schön.
Doch eines Tages, als ich etwa drei war,
war es mit dem Frieden vorbei.
Ich hatte schlimme und seltsame Träume.
Meine Mutter hat so viel geweint.
Mein Vater war noch ruhiger als sonst,
außer wenn sie laut stritten.
Du Matz, du blöder Hund, waren noch harmlose Worte.
Einmal hat mein Vater mehrere Messer gegen die Haustür
geschmissen. Ich hatte keine Ahnung, was das war.
Für mich war doch alles wunderbar.
Erst viele Jahre später habe ich erfahren,
was in dieser Zeit passiert war.
Meine Großmutter hat alles organisiert.
Meine Mutter ist nach Wien gefahren und
hat meinen ungeborenen Bruder abgetrieben.
Ein Jahr später kam meine Schwester auf die Welt.
Schwarze lange Haare, sie sah schon bei der Geburt aus wie eine Hexe.
Wenn sie ins Bett musste, musste ich mit.

Jahrelang konnte ich nur einschlafen, wenn ich irgendetwas sang, oft war mir fürchterlich bang.

Ich träumte von Christkindern, auf deren Popos ich tanzte, und vom Teufel, der mich holte. Einmal war das so schlimm, dass ich mich zu meiner Schwester ins Bett legte und die ganze Nacht fiebrig war. Manchmal drehte ich mich gern im Kreis und sah Geister, die immer im Türrahmen waren. Den Traum, dass ich auf einen hohen Berg kletterte und herunterfiel und kurz vor dem Aufprall die Augen aufriss und froh war, noch zu leben, hatte ich sehr oft.

Ich träumte auch, ja führte es schon fast herbei, dass ich aus dem Fenster klettern und von Haus zu Haus durch die Luft fliegen konnte. Das gab mir ein gutes Gefühl.

Heute noch kann ich die Augen zu machen und mir den blauen Himmel mit einem Lichtstrahl oder einen See oder einen grünen Wald oder einen bewaldeten Hügel vorstellen und dann einschlafen. Ich habe keine Ahnung, ob das normal ist, aber so ist es.

Mich hat kein Spielzeug interessiert, mit dem man etwas basteln musste.

Ich spielte aber noch mindestens bis zum dreizehnten Lebensjahr am Boden mit Knöpfen und Stiften und Spielzeugautos und bildete aus ihnen Fußball- oder Eishockeymannschaften und rutschte sie herum, um einen Sieger zu ermitteln.

Ich glaube, wenn ich diese Knöpfe heute sehen würde, könnte ich noch sagen, welche Spieler sie waren.

Meine Eltern hatten nicht die geringste Ahnung, was ich da trieb.

Ich mochte meine Eltern sehr. Aus irgendeinem Grund habe ich aber nie mit meiner Mutter gekuschelt und leider habe ich eine sehr schlechte erste Erinnerung an meinen Vater. Er nahm mich damals sonntags in die eigene Stammwirtschaft der Großfamilie mit und ich schiss in die Hose. Er schrie mich an und nahm mich danach nie wieder mit.

Ich hörte meine Eltern sehr oft sagen, der gerät nach den Opas. Der Vater meines Vaters, der gut singen konnte und Bäcker war, ging auch gerne zu den Pferderennen, war ein fleißiger

Mann vermutlich, aber sicher auch ein kleiner Träumer. Als ich etwa 4 war, ist er im See ertrunken und darin wurde auch sein Fahrrad gefunden. Man dachte, es war ein Unfall. Mein Vater musste ihn identifizieren. Der Vater meiner Mutter hat angeblich nie gearbeitet, nur Bilder verkauft. Seine Erlebnisse während des Zweiten Weltkriegs haben ihn dann psychisch krank gemacht und deshalb hat sich meine Großmutter die Mutter meiner Mutter von ihm getrennt. Ich habe den Erzeuger meiner Mutter als Kind vielleicht zweimal gesehen.

Ich hatte kaum Freunde, und als meine Schwester und ich mal für ein paar Tage in den Kindergarten gehen sollten, da meine Mutter den Führerschein machen wollte, haben wir so geschrien, dass eine andere Lösung gefunden werden musste. Als ich ungefähr fünf war, habe ich mich in der zweiten Wohnung meiner Eltern in der Vorratskammer eingesperrt und Selbstmord gespielt. Mit ungefähr sechs habe ich mich so lange mit der Nachbarstochter, die zwei Jahre älter war als ich, gerauft, bis sie mich als Chef der Kinderbande anerkannte.

Es durften zu der Zeit keine anderen Kinder zu uns in die Wohnung kommen.

Ich war der hübscheste kleine Bub in der ganzen Straße, war der beste Schüler in der ersten Klasse, empfand mich auch als klug, verteidigte meine kleine Schwester und trotzdem war ich schon als kleines Kind, sofern man das in dem Alter sagen kann, immer ein bisschen unglücklich und das mit der Stubenreinheit dauerte auch etwas länger als bei anderen. Ich hatte oft Angst und wusste nicht, wovor.

In der Schule bis zur vierten Klasse ging es mir ganz gut und ich hatte gute Noten. Das Übertrittszeugnis für das Gymnasium nach der 4. Klasse entsorgte ich. Bis meine Eltern das überhaupt mitbekamen, war die Sache erst mal erledigt. Nach der fünften Klasse musste ich dann aber auf das Gymnasium wechseln. Ich hatte immer noch die besten Noten, ohne zu lernen.

Ich wusste schon, was auf mich zukam, und hatte kein gutes Gefühl.

Und keiner wusste, wer ich wirklich war. Ich war schon mit 6 Jahren ein verängstigter Träumer und Spinner gewesen.

Kapitel 3

Kindheit und Pubertät

Wir sind, als ich sieben war, in ein großes Haus gezogen.

Ich bekam das große Kinderzimmer und meine Schwester das kleinere.

Ich wurde in die zweite Klasse eingeschult und neben Charlie gesetzt, einen verschüchterten kleinen Jungen, der der absolute Einzelgänger der Klasse war. Ihn mochte niemand. Er wuchs zu Hause mit seinem Vater auf.

Seine Mutter und sein Bruder litten an einer schweren Lungenkrankheit und waren sehr lange in einer Klinik.

Ich hatte in der Volksschule nur Einser, zumindest gefühlt.

Manchmal musste ich etwas zeichnen. Das hat dann meine Mutter gemacht. Ich konnte das einfach nicht und habe eben so lange geweint, bis sie die Aufgabe für mich erledigte.

Denn für alles, was mit den Händen gemacht wird, war bzw. bin ich vollkommen unbegabt außer seltsamerweise für das Tennisspielen und Tischtennisspielen. Das galt leider auch für das Spielen von Musikinstrumenten.

Mit etwa acht trat ich dem Fußballverein bei. Hinter unserem Haus war ein großer Spielplatz mit einem Fußballplatz samt Tor.

In manchen Jahren war aber auch der ganze Spielplatz überschwemmt und wir konnten Bötchen treiben lassen oder durch das hüfthohe Wasser waten.

Dort begegneten sich Kinder aus allen Schichten und spielten und zeigten sich gegenseitig nackt. Es waren auch Kinder aus dem Sozialblock dabei. Sie waren, wenn sie dich aufgenommen und akzeptiert hatten, ganz nett. Für die, die aber nicht zu ihnen gehörten, konnte es übel ausgehen. Ein paar hinter die Ohren gab es schon, manchmal auch mehr.

Ich habe immer den Fußball gestellt, was schon mal ein Vorteil war. Später gab es da so ein Mädchen, die vielleicht 13 Jahre alt und geistig behindert war. Die wurde gerne ausprobiert, natürlich mit ihrem Einverständnis. Ich habe mich da, Gott sei Dank, rausgehalten.

Es waren schon auch ein oder zwei dabei, die dann später in ihrem Leben einsitzen mussten.

Schwimmen gelernt habe ich im Fluss. Die Kleinen haben den Großen immer zugeschaut, wie sie reinsprangen, Fluss abwärts getrieben wurden, sich dann an einem Felsen festhielten und rauskletterten. Wer das nicht machte, war ein Loser. Auf dem Spielplatz wurde ich zum Kämpfer. Es gab immer eine Rangordnung unter den Kindern. Es wurde viel gerauft und ich war meist auf Platz vier, was bedeutete, ich konnte nicht weiter aufsteigen, aber ich war so weit oben in der Hierarchie, dass sich keiner der niedrigeren Rangstufen traute, mich anzugreifen. Es war nur Ringen erlaubt und wer sich nicht daran hielt, wurde ausgeschlossen. Wir sind oft auch mit Lastwagenreifen flussaufwärts gelaufen, um uns dann flussabwärts treiben zu lassen, was für ein Spaß. Zu Hause im Garten half ich wenig. Ich war ja für Arbeit mit meinen Händen untalentiert. Einmal so mit 11 Jahren haute ich meinem Vater versehentlich mit der Spitzhacke in den Rist.

Das war an dem Tag, an dem 1972 das olympische Dorf in München überfallen wurde.

An Gemüsebeeten musste ich dann nie wieder arbeiten. So richtig gebrauchen konnte er mich später beim Bau der Garage nur zum Schleppen des Zements und für den Gerüstbau.

Den Rasen im Garten habe ich so lange im Kreis gemäht, bis ich es nicht mehr machen musste.

Ich bekam von meiner Mutter öfters Backpfeifen, weil ich ihr gern widersprach und bei Weitem nicht immer tat, was sie wollte.

Bis zum Alter von 15 Jahren war ich auch ein guter Fußballer und schaffte es bis zur oberbayrischen Auswahl, aber leider nur für ein Spiel. Mein Vater hatte wenig Zeit für mich. Er musste an den Wochenenden ja auch immer arbeiten, um Geld reinzuholen, und konnte mich nicht zum nächsten Treff fahren.

Ich glaube, er hat während meiner gesamten Fußballzeit nur bei zwei Spielen zugeschaut.

Mein Vater hat fast im Alleingang zwei Doppelhäuser gebaut, eins für, unsere Familie und eins für meine Großmutter. Das Ungeheuer, mein Stiefopa vor dem meine Mutter als Kind so Angst hatte, starb überraschend mit 50 Jahren an einem Herzinfarkt im Auto und verursachte dabei auch noch einen Unfall.

Sein Vater starb ein halbes Jahr später. Er war der Schuhmacher des Ortes gewesen.

Ich werde nie den süßlichen Geruch vergessen, der in der Luft lag, als wir meine Oma nach dem plötzlichen Tod des Ungeheuers von zu Hause abholten.

Ich hatte dann ein paar Freunde im Fußballverein, in der Nachbarschaft und in der Schule, aber ich war immer noch der, der ich war, ein verängstigter Träumer und Spinner, ein Außenseiter, einer, der nicht normal denken, reden, fühlen konnte. Mit der Pubertät wurde ich dann auch noch hässlich und bekam eine Hautkrankheit, nämlich Schuppenflechte. Ich hatte das zwar nur an der Kopfhaut, aber es war für ein Kind in der beginnenden Pubertät trotzdem eine große Beeinträchtigung.

Meine Beine wurden dicker, das Fußballspielen wurde viel schwerer und auch ein Bauchansatz war zu erkennen. In der Schule lachten mich die hinter mir sitzenden Mädchen aus, wenn ich auf dem Rücken ganz weiß war vor lauter Schuppen. Es gab schon Medikamente, die ein wenig halfen, aber halt nicht auf Dauer.

Ich war überhaupt sehr kränklich und oft selbst verschuldet verletzt.

Alle Kinderkrankheiten suchten mich heim.

Eine ordentliche Lungenentzündung nach dem Besuch eines kleinen Sees im Winter, weil ich unbedingt auf dem Eis spazieren wollte.

Brüche an beiden Armen gleichzeitig, weil ich unbedingt ein Spielplatzgerät besiegen wollte. Blutige Zehen ohne Ende, weil ich Fußball gespielt habe, bis das Blut gespritzt ist; und viele Gehirnerschütterungen. Einmal vom Besiegen einer Spielplatzschaukel, vom Rumsprinten auf dem nassen Rasen, vom Unfall mit meiner

Oma in ihrem Mini-Fiat, vom auf Kanalisationsrohren Klettern auf der Baustelle oder von einem Stein an den Kopf von der gegnerischen Wurfpartei, der eine saubere Platzwunde verursachte. Das Schlimmste war aber, dass ich kleiner Bub mit 13 Jahren unbedingt mit dem Fahrrad meiner Mutter fahren wollte.

Damit konnte ich einfach schneller fahren und es gab keine Rücktrittbremse.

Das Ende vom Lied war, dass ich mit Volldampf unsere Auffahrt hinunterraste, gegen die Garagenwand knallte und meine wunderschönen Vorderzähne fast gänzlich verlor und meine Lippen aufplatzten. Ich blutete wie ein Schwein.

Ich schrie wie am Spieß, und dann riss meine Mutter die Haustür auf und schrie auch wie am Spieß.

Am Abend gab es noch einen bösen Streit zwischen meinen Eltern und mein Vater machte meiner Mutter heftigste Vorwürfe, weil sie das Rad nicht abgesperrt hatte und so weiter.

Dieser Unfall hat mich insgesamt vier Zahn-OPs gekostet.

Danach war ich endgültig nicht mehr schön. Meine Haare wurden dunkler, ich bekam Locken, und um mein Gewicht zu reduzieren, habe ich schon mit 13 oder 14 Jahren angefangen, heimlich Diät zu machen.

Das war auch die Zeit, in der ich mich wieder mehr zurückzog. Der Teufel war wieder da und ich fing an, mehr zu lesen, vor allem die alten Bücher meiner Mutter wie „Krieg und Frieden", außerdem wurde ich auch jähzornig.

Ich weiß nicht, ob das das richtige Wort ist, aber wenn mein Onkel zum Tischtennisspielen zu Besuch kam und dann jemand anderer mit ihm spielte, lief ich in mein Zimmer und weinte, weil die Welt doch so ungerecht war. Es kam oft dazu, dass ich mich in mein Zimmer sperrte, mich auf das Fensterbrett setzte und vor mich hinsagte, dass ich nicht zu dieser Familie gehöre.

Ich hasste Gemüse.

Es gab Zeiten, in denen ich, wenn ich das essen musste, auf den Teller erbrach.

Irgendwann gaben meine Eltern es auf, mich zu zwingen, Gemüse zu essen.

Im Laufe meines Lebens wurde das besser, aber trotzdem könnte ich für nichts garantieren, wenn ich heute Spinat oder gekochte gelbe Rüben essen müsste.

Die Nachbarn rechts von uns wohnten in einem kleinen Haus mit mehreren Gebäuden, in denen die Oma, der Besitzer des Hauses mit seinen Kindern und sein jüngerer Bruder lebten. Sie hatten auch ein Schlachthaus, weil sie jährlich vier Schweine züchteten und sie dann schlachteten. Die Oma hatte Hühner und Gänse und es gab jede Menge Katzen, aber nicht für lange, denn jeder neue Wurf wurde spätestens nach 8 Wochen getötet. Die Kinder durften bis dahin mit ihnen spielen. Die Mutterkatze hieß Muschi und wurde sehr alt. Die Familie hatte auch einen Hund, Willy, ein Münsterländer, der ständig bellte und friedlich war, wenn er einen kannte. Ich sah auch die lieben Hasen, die geschlachtet wurden. Ich war bis zum Gymnasium fast täglich bei ihnen. Ich sah kleine Küken und die Oma, wie sie die Hühner und Gänse fütterte und pflegte. In den Schweinestall ging ich selten. Die Tiere waren zwar auch süß, aber die Fliegen waren einfach ekelhaft.

Ich konnte Insekten einfach nicht leiden und vor Spinnen hatte ich große Angst, woraus sich mein Vater manchmal einen Spaß machte. Ich sah auch, wie die Gänse und Hühner gerupft und getötet wurden und auch wie Schweine mit einem Schussapparat erschossen wurden und wie man ihr Blut abließ und daraus Blutwurst machte.

Ich habe dieses Zeug nie gegessen. Ich kannte ja die Namen der Schweine. Der Sohn der Familie war schon mein Freund, aber als ich die Schule wechselte, wurde ich der überhebliche Gymnasiumgänger und keiner wusste, wer ich wirklich war, nämlich ein Träumer und Spinner.

Als ich etwa 15 Jahre alt war, schoss sich der Nachbar mit dem Schussapparat in die Stirn. Er war Alkoholiker und hatte öfters seine Frau geschlagen und seine Schnapsflaschen in der Hundehütte versteckt.

Mein Vater fand ihn, auf dem Grundstück des Nachbarn nachdem er es durchsucht hatte.

Er sagte, man sah kaum Blut. Der Selbstmord war perfekt In dem Nachbarhaus links von uns lebte eine Familie mit zwei Töchtern.

Die Ältere, die so alt wie ich war, konnte aufgrund einer Behinderung kaum hören und reden, und die Jüngere, die so alt wie meine Schwester war, nahm sich aus Liebeskummer mit 17 Jahren das Leben. Sie war mit einem 12 Jahre älteren angehenden Arzt liiert.

Ich habe davon nur gehört. Meine Mutter war in diese Thematik natürlich viel mehr eingebunden.

Ich hatte leider nie Kontakt mit der jüngeren Tochter, aber sie war sehr hübsch.

Ich war viel zu schüchtern, um mich vernünftig mit ihr zu unterhalten. Es stellte sich später sogar heraus, dass sie auch so empfand. Manchmal denke ich mir schon, hätte ich doch früher mal mit ihr gesprochen, vielleicht wäre sie dann noch am Leben. Dieser letzte Satz ist sicher totaler Quatsch.

Ich habe aber, obwohl ich sie eigentlich nicht kannte, für sie gebetet.

Meine Mutter hatte auch immer Angst, dass ich mir was antun würde. Sie sagte mir deswegen auch, ich hätte ihr Leben versaut. Aber so weit bin ich ja noch nicht, das kommt erst später oder vielleicht auch gar nicht.

Im Gymnasium schaffte ich die ersten drei Jahre mit etwas Mühe, aber es ging noch.

In der achten Klasse flogen die Fünfer nur so herein. Ich hatte in unserem Haus, vom Wohnzimmer abgesehen, eigentlich das größte Zimmer mit einem schönen Schreibtisch und einem Globus, was ja damals so üblich war.

Ich muss leider zugeben, ich glaube, ich bin keinen einzigen Tag an diesem Schreibtisch gesessen. Hausaufgaben habe ich immer vor der Schule gemacht und auch oft von einem Schüler abgeschrieben.

Ich war sicher einer der unvorbereitetsten Schüler des ganzen Gymnasiums, die es je gegeben hat. Sabine, meine Ehefrau, weiß ja ein bisschen was von mir und sagt sehr pragmatisch, ich war einfach faul.

Ich hatte nachmittags keine Zeit für Hausaufgaben und lernen, denn ich musste Sport machen und denken und träumen und spinnen und Fernsehkucken und dann wieder denken und träumen und spinnen und meine inneren Ängste überwinden.

In der Schule war ich beliebt, was im totalen Widerspruch dazu stand, dass ich keine Freunde hatte.

Das Seltsame war, ich konnte ja gut reden und war fast jedes Jahr während meines Gymnasiumaufenthalts Klassensprecher oder zweiter Klassensprecher. Das lag zum Großteil auch an meiner Mutter, für die ich viele Monate und Jahre ein Ansprechpartner war, wenn mein Vater unter der Woche gearbeitet hat und es zu Hause so still war.

Für die Mathelehrerin, ich habe Geometrie gehasst, war ich einfach nur zu dumm und für den Deutschlehrer war ich ein seltsamer Fall. Ich habe zum Beispiel aus einer Erörterung einen Krimi gemacht, in dem ich flüchten musste, um zu überleben, oder ich habe, als wir einzeln eine Szene des „Zauberlehrlings" an der Tafel vorführen sollten, gezittert wie Espenlaub, aber diesmal als Showeffekt. Ich glaube, ich durfte das drei Minuten lang machen und habe auch bewusst stottrig geredet.

Der Lehrer ist fast durchgedreht und hat mich brüllend auf meinen Platz gewiesen, während sich meine Mitschüler halb totlachten. Sie konnten trotz lautstarken Gebrülls des Lehrers nicht beruhigt werden.

Für den Aufsatz gab er mir eine Drei mit einer zweiseitigen Erläuterung, in der stand, dass der Aufsatz lange im Lehrergremium diskutiert wurde.

Ich musste auch einmal beim Schuldirektor antreten, weil ich aus Spaß oder mehr aus Unwissenheit beim Eintreten des Religionslehrers den Hitlergruß gemacht hatte und dann von dem älteren Herrn, einem Belgier, eine gescheuert bekam. Wir haben uns dann gegenseitig im Beisein des Direktors entschuldigt und das mit der Backpfeife war ich ja von meiner Mutter gewöhnt.

Kurzum, die Schule war in diesem Lebensstadium gar nichts für mich.

Die achte Klasse musste ich wiederholen und auch die neunte im übernächsten Jahr war problematisch.

Der Sportlehrer brauchte mich immer, weil ich ein wichtiges Mitglied der Fußballschulmannschaft war, und es gab sogar Lehrer, die mich trotz meiner schulischen Leistungen mochten, weil ich schon immer so anders war. Meine Eltern wussten nichts davon.

Für sie war ich ein krankes, seltsames Kind, sehr aufgeweckt, sehr neunmalklug und einfach unberechenbar, und sie sagten auch zu anderen, ihr Sohn wäre einfach nur blöd. Für meine Mutter bin ich heute noch blöd. Wenn ich so darüber nachdenke hat sie auch ein bisschen recht.

Bei der Firmung wurde ich ausgesucht, um das Gedichtchen vor dem Bischof vorzutragen. Klar, ich konnte ja reden und galt bei der Firmung als der klügste Kopf. Niemand hatte eine Ahnung davon, wie schlecht ich doch in der Schule war. Bei dem Gedichtchen habe ich mich dann auch noch so verhaspelt, dass alle Kirchenbesucher einschließlich des Bischofs lachten, und auch da hatte ich gezittert, aber unabsichtlich.

Meine Eltern dachten, ich würde später mal Sportreporter werden.

Ich habe mich für alle Sportarten im Fernsehen interessiert. Ich kannte alle Bundesligaspieler auswendig, alle Skifahrer, alle Rodler, alle Sportarten bei den Olympischen Spielen, alle bekannten Weltmeister und teilweise auch die Namen der Weltmeister von 1954. Wie konnte man da von mir verlangen, eine chemische Formel auswendig zu wissen?

Es lag natürlich auch daran, dass mein Vater es auch so liebte, sich das anzusehen. Meine Mutter wäre fast wahnsinnig geworden.

Meine Eltern entschieden dann Schule ist nichts für mich und eine meiner Tanten besorgte mir eine Lehrstelle als Bauzeichner in einem sehr bekannten Architekturbüro in München. Der Inhaber war eng mit Franz-Josef Strauß befreundet.

Zu Hause habe ich aufgrund meiner schulischen Leistungen und meiner generellen Art natürlich viel erlebt und mit 14 Jahren dieses Gedicht geschrieben.

Bayrisches Gedicht

Mir duats leid,
mir duats leid, dass i leb,
dass für mi Sonna aufgeht.
I ko doch nix, i bin doch bled,
des hob i oft ghert vo euch Leut,
und i hobs scho bereut,
dass i geborn bin, so voi kumma
und Sorgn bereit.

Herr Gott hif ma, dass i gscheider wär,
am besten glei morgn. Do brauch i di,
sonst schmeiß i mi a no irgendwo hi.
In Österreich a Verwanta soi sie umbracht hom.
Es duat ma leid, i mog leben.
Irgendwie muas's weidergehn.

Mehr als einmal hat mein Vater zu mir gesagt, ich sei nur da, um die Welt zu „dascheißen", gleichzeitig ging er auch gern mit mir in die Berge und frühmorgens mit unserem Dackel und uns Kindern spazieren.

Ich ging auch öfters mit meinem Vater in die Kirche.

Er war da immer sehr komisch und aufgewühlt und ich habe total gesponnen, wenn ich meine Hände gefaltet habe, weil ich da so ein Zucken verspürte und dachte, jetzt hilft mir der liebe Gott und ich habe, weiß Gott, auch Hilfe gebraucht.

Leider hatte mein Vater in jüngeren Jahren auch Probleme mit den Bierchen.

Er wurde entweder melancholisch oder aggressiv, ja fast cholerisch.

Meine Eltern haben sich oft gestritten. Der schlimmste Streit für mich war der, als er auf den Speicher lief und schrie, er bringt sich jetzt um, und meine Mutter ihm nachschrie, dann tu es doch, tu es doch.

Ich bin ihm wie ein Verrückter nachgelaufen und habe auch wie am Spieß geschrien. Die Krawatte hatte er schon um den Hals. Er hat es natürlich nicht getan, aber es war für einen Zehnjährigen sicher nicht einfach, das zu verarbeiten.

Er hat mich nie geschlagen, hat mir nur einmal den Po versohlt und das vollkommen zu Recht. Da habe ich als Zehnjähriger ein paar Taschenlampen, vielleicht sogar alle Taschenlampen, aus der Sammlung meines Urgroßvaters geklaut und auf dem Schulhof verkauft. Mit dem Geld habe ich dann Süßigkeiten gekauft und die an meine nicht vorhandenen Freunde verschenkt, um gut dazustehen.

Er hat mich nicht wegen des Diebstahls versohlt, sondern weil ich ihn, solange es irgendwie ging, geleugnet habe.

Vielmehr habe ich eigentlich nicht angestellt, außer Blindschleichen in den Briefkasten zu schmeißen, oder die Weißfische, die gefangen wurden, in die Badewanne zu geben, und einmal meiner Großmutter eine Scheibe mit einem Spicker zu zerdeppern, weil ich zum Weitwurf auf die Dartscheibe übergegangen war.

Es gab da noch was, aber dazu später.

Freunde hatte ich noch immer nicht.

Ich ging kaum in Discos, weil ich mich hässlich fühlte und mit keinem ein Thema fand, über das ich reden konnte, außer vielleicht über Fußball. Vielleicht hätte ich ja ein wenig mit Mädchen reden können, aber das waren dann die hässlichen und darauf hatte ich auch keine Lust.

Das Einzige, was ich mit den Fußballern aus dem Verein machen konnte, war saufen, aber selbst das konnte ich nicht wirklich, denn andere waren am nächsten Tag halbwegs fit, während ich krank war und den ganzen Tag unter Kopfschmerzen, Erbrechen und Durchfall litt.

Ich hatte ziemlich lange Angst vor Mädchen, obwohl ich rückblickend betrachtet sagen muss, ich hätte viele Freundinnen haben können.

Was meine Hässlichkeit betraf, waren die schlimmsten zwei Jahre überstanden.

Nun hätte ich vielleicht doch bei hübschen Mädchen landen können.

Doch ich war schüchtern und sich zu öffnen viel mir schon schwer.

Was diese Mädels wollten, war klar, Geschlechtsverkehr.

Doch es gab bei mir noch was zu richten, deshalb konnte ich noch nicht beginnen mit diesen Geschichten.

Meine Favoritin habe ich dann später zufällig in München getroffen.

Sie war einen Kopf größer als ich, ihr Freund dabei, noch einen mehr.

Sie hat mir dann heimlich ihre Nummer gegeben.

Wir haben telefoniert, gesprochen über die alten Schulzeiten, dabei viel gelacht und trotzdem nicht mehr daraus gemacht.

Kapitel 4

Der Bauzeichner, ein hoffnungsloser Fall und die Angst, das Leben zu verlieren

Ich fing also in diesem schicken Architekturbüro an.

Fast lauter schöne Menschen und tolle Frauen arbeiteten dort.

Begrüßt wurde ich von dem Kontakt, über den ich die Möglichkeit hatte, dort was zu lernen. Sie war die Frau eines Freundes meiner Tante.

Ich wurde an einen großen Tisch gesetzt, vor mir ein riesiges Zeichenbrett, und ich sollte nach einer Vorlage mit dem Lineal und den Schablonen zeichnen (Häuserfronten, Seitenansichten) und vieles mehr. Ich wusste sofort, dass ich es hassen würde, selbst wenn ich das mit aller Kraft hin bekäme, aber wie sollte ich meinem Vater in die Augen schauen? Es gab nur zwei Möglichkeiten: Selbstmord oder das durchziehen.

Ich hielt drei Jahre bis zur Prüfung durch, und weinte so viel, dass sicher eine sehr große Pfütze entstanden wäre.

Mir half mein Engel, irgendeine Aussage eines Astrologen, den meine Mutter und meine Tante schon zu Schulzeiten beauftragt hatten.

Er sagte, dass trotz all dieser Wege und Schwierigkeiten alles gut werden würde, und vielleicht halfen mir auch meine Gedichte, die ich immer schrieb.

Im Fußballverein haben sie sich gewundert, warum ich immer schlechter wurde. Eine Freundin wollte ich auch nicht mehr, denn was sollte ich mit ihr tun, ihr jeden Tag vorweinen.

Ich ging nach der Arbeit also täglich auf mein Zimmer, nachdem ich mir irgendetwas aus dem Kühlschrank genommen hatte. Meinen Eltern ging ich, sofern möglich, aus dem Weg außer wenn eben Sport im Fernsehen lief. Das guckte ich mit meinem Vater.

Familienfeiern waren mir ein Graus dort ohne Freundin hinzugehen, obwohl ich doch ganz proper aussah.

Den Führerschein habe ich auch nicht sofort geschafft.

Vor der Prüfung, bei der ich den Schein bekam, hatte ich gebetet und nicht ich bin gefahren, sondern mein Engel.

Während der drei Jahre im Architekturbüro hatte ich viel Glück.

Die Leute erkannten bald, dass ich für diesen Beruf kaum geeignet war, aber aus welchen Gründen auch immer hatten sie mich gerne auch die erwachsenen Frauen, denen war vieles zuzutrauen.

Sie setzten mich zu einem älteren Herrn, dem Statiker der Firma. Die Pläne waren nicht zu kompliziert zu zeichnen.

Obwohl ich Mathe hasste, verstand ich seine Erklärungen gut und mir ging es etwas besser.

Er war ein komischer Kauz, trank morgens zwei Doornkaat, mittags einen und ein Bier und nachmittags arbeitete er an Bürotagen kaum noch. An Besichtigungstagen sind wir dann vormittags zu den Ausmessungen gefahren und nachmittags hatte ich dann schon frei.

Einmal ist es mir auf dem Nachhauseweg auch passiert, dass ich auf der Toilette von einem Mann angesprochen wurde, der mir 50 D-Mark anbot, damit ich ihm einen runterhole. Dem habe ich dann mit der Faust arg auf den Rücken geklopft.

Der Statiker lud mich öfters zum Mittagessen ein, denn das hätte ich mir niemals leisten können. Einmal wollte er mit mir unbedingt zwei Maß Dunkelbier trinken und dann einen Pornofilm gucken. Keine Ahnung warum, aber schwul war er nicht. Er wollte ihn sich nicht allein ansehen, nehme ich an.

Wir haben nie darüber gesprochen und das hat sich auch nicht wiederholt.

Die Sommerfeste bei dem Architekturbürobesitzer waren legendär.

Es gab Livemusik, ein Fünf-Gänge-Menü, einen großen Swimmingpool im Keller und einen kleinen Pool im Wohnzimmer, über den eine Kletterwand aus dicken Seilen gespannt war.

Wer es schaffte vor dem Essen in schöner Kleidung, die war ja Plicht, über den Pool zu klettern, bekam einen Preis.

Spätabends gingen wir dann noch in die Sauna. Ich sagte ja, die erwachsenen Frauen.

Die Prüfung rückte näher.

Ich wusste, ich hatte nicht den Hauch einer Chance, die praktische Prüfung zu bestehen, während die mündliche kein Problem werden würde.

Ich bin während der praktischen Prüfung aufgestanden und an die Isar zum Flaucher gegangen um nun zu sterben, aber ich wollte doch leben.

Ich war an allem schuld. Mein Vater hatte recht mit dem „Welt dascheißen". Ich konnte nichts und hatte kein Talent für einen Beruf, für nichts.

Ich glaube, es war wieder mein Engel, der mir half.

Er sagte, geh jetzt nach Hause und sag all das deinen Eltern.

Es war dann gar nicht so schlimm. Sie waren froh, dass ich nach Hause gekommen war.

Ich bekam dann eine neue Chance bei einem anderen Architekturbüro, aber dort hielt ich es keine zwei Tage aus.

Ich bin dann mit dem Rad drei Tage verschwunden und Tag und Nacht im Kreis gefahren. Ich kam völlig ausgemergelt zurück, ohne getrunken und gegessen zu haben, und ich musste nie wieder einen Tuschestift in die Hand nehmen. Während des Radfahrens habe ich natürlich geweint. Ich wollte leben, aber auch sterben.

So jetzt saß ich mit nichts da, kein Talent für das Leben oder den Beruf.

Meine Eltern waren verzweifelt.

Meine Mutter hat geweint und mein Vater war verstört.

Warum hatte er nur so einen fürchterlichen, armen, dummen Sohn?

Ist das sein Weltenlohn?

Ich musste zum Psychiater gehen, weil ich viel weinte und ein Attest brauchte, um nicht zur Bundeswehr zu müssen, da der Einberufungsbescheid schon vorlag und ich die Musterung bereits hinter mir hatte.

Ich erhielt die Möglichkeit für eine Umschulung zum Industriekaufmann, die ich fast sofort beginnen konnte.

Es war so seltsam. Ich fuhr mit meiner Mutter zum Arbeitsamt und wurde in ein Büro gebracht. Wir schilderten einer wunderschönen dreißigjährigen Dame vom Arbeitsamt meinen Fall, fast schon mein Leben. Sie schickte meine Mutter dann raus, um einen Eindruck von mir zu gewinnen. Ich war mittlerweile fast 18 Jahre alt und ein hübscher Kerl mit so einem traurigen, hilflosen Blick. Den hatte ich schon früh drauf, um Mädchen zu bezirzen. Das Ergebnis des Gesprächs war, dass sie eine Umschulungsmaßnahme für mich organisierte und ich in zwei Jahren eine Lehre zum Industriekaufmann abschließen konnte.

Nun lautete die Frage, würde ich dafür Talent haben, ein Talent, von dem ich leben könnte, und für das mich mein Vater halbwegs akzeptieren würde.

Ein Profi-Fußballer wurde aus mir auch nicht. Mein Onkel hat es ja bis in die A-Jugend bei Bayern gebracht und ein Cousin meines Vaters trainierte auch mit der ersten Mannschaft, aber gespielt hat er dann kaum. Einen Beruf hatte ich auch noch nicht und ein vernünftiges Mädel schleppte ich auch nicht heim.

Trotzdem hat er mich geliebt, und dass das nicht leicht war, ist für mich mehr als verständlich.

Anfang der Talente

Das mit den Talenten ist so eine Sache.

Ich kann nur von besonderen Ereignissen berichten oder Dingen, die ich getan habe, aber sie passen chronologisch nicht so in die ganze Geschichte.

Spinnen und Singen

In der Schule, in den Pausen oder auf der Straße habe ich immer gesungen und das fiel auch manchen auf.

Ein Mitschüler kam dann auf eine Idee und fragte den Musiklehrer, ob ich nicht „Guantanamera" – das habe ich immer gern vor mich hin geträllert – zu irgendeinem Anlass singen könnte. Das habe ich dann auch gemacht und es kam gut an.

Ich konnte meine Stimme gut verstellen und in mehreren Stimmlagen was nachahmen.

Ich war einmal mit den Pfadfindern auf einem amerikanischen Militärgelände und da haben alle Kinder aus unterschiedlichen Ländern für über eine Stunde gesungen. Ich habe absichtlich höher gesungen und wurde am nächsten Tag von vielen gefragt, wo ich das gelernt hatte. Das habe ich dann später noch mal gemacht – ein kleiner Erfolg für das Ego.

Ich hatte auch Strauß, Wehner und Brandt, die damals führenden Politiker, drauf und habe damit schon mal Mitschüler unterhalten; da war ich 13 Jahre alt. Witze konnte ich aber nie erzählen, geschweige denn sie mir merken.

Bei dem Beichtgespräch für die Firmung oder auch als es mir mal sehr schlecht ging und ich mir bei einem Pater des Klosters mein Herz ausschüttete, haben sie mir gesagt, ich könnte doch Dinge einordnen und erfassen, gut formulieren und reden, und hätte Empathie und ich solle mir nicht so viele Sorgen machen.

Es gibt noch drei Ereignisse, über die ich an dieser Stelle schreiben möchte.

Die göttliche alte Dame

Mein Cousin, der ja Pfarrer wurde, hat mir einen Termin bei dieser Frau besorgt. Mir ging es ja mental oft nicht so gut und zu dieser Zeit auch körperlich nicht.

Ich ging also in diesen kleinen Raum, in dem ein großes Kreuz und viele christliche Bilder hinter ihrem Sessel hingen.

Ich schilderte dieser alten Dame also all meine Probleme und sie sagte, ich solle mir keine Sorgen machen.

In dem Raum wären so viele verstorbene Seelen, die mich lieben und beschützen und für mich beten würden. Kurz dachte ich nach, wie das sein könnte, wen kannte ich überhaupt, der verstorben war, aber dann konnte ich gar nicht mehr denken. Mein ganzer Körper wurde von so einer Wärme durchströmt. Ich kann das nicht beschreiben. Ich habe dieses Gefühl, diesen überwältigenden Eindruck seitdem nicht mehr erlebt. Es war etwas Einzigartiges und ich glaube, das ist auch gut so.

Die alte Frau gab mir dann noch Ernährungspläne mit, an die ich mich gehalten habe, und es ging mir schnell sehr viel besser.

Die Weissagerin

Ich hatte einen Freund in der Firma, mit dem ich regelmäßig Squash spielte. Er hatte oft auch Beziehungsprobleme und wollte unbedingt wissen, wie es mit ihm weitergehen würde.

Er überredete mich dann, nach Kolbermoor zu einer Kartenleserin zu fahren.

Sie legte erst ihm und dann mir die Karten.

Als ich ins Zimmer kam, sagte sie mir, dass sie mir nur weissagen würde, wenn die ersten drei Dinge, die sie mir erzählte, stimmten.

Es kam nichts Dramatisches dabei heraus.

Beruflich würde ich Erfolg haben, eine Familie zu gründen, wäre mir kaum möglich und ich habe und würde auch weiterhin vielen Mädels das Herz brechen.

Also so ganz geglaubt habe ich ihr nicht mehr, denn das konnte ich mir beim besten Willen nicht vorstellen.

Bei meinem Freund war es anders. Er hat dann tatsächlich die Frau, deren Telefonnummer er über mich ausfindig machen konnte, geheiratet, wie es ihm die Weissagerin vorhergesagt hatte. Mit seiner damaligen Freundin machte er am Tag nach dem Besuch sofort Schluss. Seine Frau hatte er nur von Weitem gesehen und über ihre Autonummer machte er sie ausfindig.

Ich war auch zur Hochzeit eingeladen, war aber wieder mal in einem nicht so guten Zustand.

Die Astrologie

Meine Tante und einer meiner Onkel haben sich später sehr intensiv mit Astrologie beschäftigt, was sie mir erzählte, weil sie sich mit dem schwarzen Schaf der ganzen Sippschaft beschäftigen wollte und weil sie eigentlich die Einzige in meiner ganzen Verwandtschaft – einschließlich meiner Schwester und meiner Mutter – ist, die mich liebt und mir helfen wollte und mir auch geholfen hat. Mit ihr konnte ich darüber reden, wer ich bin.

Ich habe mir dann zumindest auch die Technik zu eigen gemacht.

Ich habe mir zwei Bücher gekauft, die meine Tante auch hatte, und nahm später auch an einem VHS-Astrokurs teil. In meinem letzten Jahr am Gymnasium habe ich sogar für mein Deutsch-Referat das Thema Astrologie gewählt.

Die Bedeutung der Sternzeichen, des Häuserstands im Geburtshoroskop, welche Sternzeichen harmonieren, welche Winkel der Sternzeichen zueinander einen positiven und welche einen negativen Einfluss haben und so.

Heutzutage gibt es dafür ein Computerprogramm, da gibt man sein Geburtstagsdatum, seine Geburtsuhrzeit und den Ort an und bekommt dann per Knopfdruck ein Ergebnis samt textlichen Erläuterungen.

Den Gehalt dieser Ergebnisse kann ich nicht prüfen.

So ein Programm habe ich heute noch auf meinem Rechner.

Während ich das hier schreibe, fällt mir auf, woran ich mich nach über 40 Jahren noch erinnern kann. Ich könnte hier locker noch 30 Zeilen schreiben, unglaublich.

Einen Vorteil hatte meine Auseinandersetzung mit der Astrologie noch, ich konnte damit unnahbare Mädels beeindrucken.

Ich kaufte mir auch Tarot-Karten und kenne einige der Karten noch immer zumindest vom Namen her und vielleicht auch einen Teil ihrer Bedeutung.

Da ich auch später immer kränklich war, habe ich einen VHS-Kurs zum Thema Bachblüten belegt, auf die mich eine Heilpraktikerin, deren Praxis ich besuchte, brachte, und mir auch immer ein ganzes Set aus England bestellt. Sie war 10 Jahre älter und verheiratet, aber trotzdem haben wir öfters miteinander am Telefon und auch persönlich geratscht.

Auch dieses Thema war immer ganz interessant für die Damenwelt.

Ende der Talente

Kapitel 5

Die Umschulung ins Leben?

Ich war endlich im Leben angekommen bekam mehr Selbstvertrauen durch die neuen Mitschüler und Lehrer in der Umschulungsmaßnahme Machte endlich den Führerschein durfte den roten Ford-Fiesta meiner Mutter fahren, beim Fußball war ich wieder besser und meine Eltern machten sich nicht mehr so viele Sorgen um mich. Eine vernünftige Freundin fehlte mir zum Glück leider noch. Die Ausbildung zum Industriekaufmann dauerte zwei Jahre und bestand aus einem Jahr Schule und einem Jahr Praktikum, das ich in der Firma meiner Mutter machen konnte. Ein, zwei Mädels lernte ich in der Schule schon kennen. Von einem Mädel bekam ich immer frischen Fisch vom Ammersee. Das hörte leider auf, als ich sagte, dass sie einfach nicht mein Typ wäre. Vielleicht lernte ich auch drei Mädels kennen, aber ich wollte eigentlich nichts Ernstes. Dann hatte ich noch eine Kurzzeitfreundin, die ich auf einer Gemeinschaftsfahrt von Jugendlichen nach Holland kennenlernte, aber auch die war nicht wirklich was für mich als Tochter eines evangelischen Pfarrers.

In der Firma meiner Mutter, in der ich das Praktikum machte, war ich sehr beliebt. Ich durchlief alle Abteilungen, stellte mich nicht blöd an und ältere Frauen mochten mich.

Bei einer geheimen Wahl unter allen Damen des Unternehmens wurde ich aus allen Herren zum hübschesten, lustigsten und interessantesten gewählt. Keine Ahnung warum, ich weiß nur, dass ich mit ihnen schon während der Arbeit Prosecco getrunken habe.

Mein Selbstbild war trotzdem immer ein anderes. Ich war zu klein, zu hässlich, zu schlecht gebaut mit kurzen Beinen und hatte seltsame Haare auf dem Kopf. Gut, ich konnte das mit

Quatschen und meiner Art etwas ausgleichen, aber auf einer offenen Punkteskala war ich nie mehr als eine 5. In meiner allerbesten Zeit, als ich noch Bauchmuskeln hatte, die man leicht sehen konnte, vielleicht eine 6.

Tja, heute bin ich eine 2, aber mit Stern.

Der Teufel kehrte bald zurück, wobei er eigentlich immer schon da war.

Ich kam in den Teufelskreis der Spieler.

Mein Vater ging mit mir immer mal wieder zu der Pferderennbahn und schon als kleines Kind durfte ich ein, zwei Mark in den Automaten werfen und wenn ich gewann, konnte ich das Geld behalten.

Ich war wieder vermehrt mit einem Ex-Fußballfreund, der ein Spieler war, in Kontakt gekommen und somit war das Autofahren damit verbunden, auf die Rennbahn oder ins Wettbüro zu gehen oder auch zur Spielbank nach Garmisch oder Bad Wiessee zu fahren. Das war unser Zeitvertreib.

Ich wurde ein bisschen spielsüchtig und es ging so weit, dass ich, statt bei einem Mädel (das war die Evangelische) zu übernachten, lieber mit einem Kumpel nach Bad Wiessee fuhr also doch ein Süchtiger?

Ich konnte auch gut Schach spielen, was mir mein Vater beigebracht hatte und später auch andere Herren, und es ging in einem andern Freundeskreis an Burschen immer um den Sieg und 20 Mark lagen immer unter dem Brett. Kleine Verluste konnte ich mit drei Kumpels immer ausgleichen, weil wir sehr oft beim Pokern den Onkel meines besten Freundes ausnahmen. Er hatte ein kleines Bauunternehmen und war jeden Abend besoffen. Es war also ein leichtes Spiel.

Mit meinem Pferdewettkumpel fuhr ich ein paar Jahre lang auf das Berliner Traberderby für jeweils 3 Tage. Er hatte eine langjährige Freundin, mit der er zusammenlebte, und eine 3-Tage-Freundin in Berlin, bei der wir auch schon mal gewohnt haben. Sie hatte auch Freundinnen.

Ich war kein Spieler. Ich konnte jederzeit damit aufhören.

Ich kannte aber auch Männer, die auf dem Verleihamt waren oder in jeder Spielbank in ganz Europa gesperrt waren und die in München in Löchern lebten.

All dies beeinflusste, Gott sei Dank, nicht meine Umschulung.

In der Schule hatte ich fast nur Einser und diesmal auch, weil ich gelernt habe. Meine Abschlussnote an der IHK war ein Zweier, der meiner Nervosität geschuldet war.

Beginn meiner Verwandten

Bevor ich jetzt zum nächsten Kapitel komme, möchte ich was über meine unmittelbaren Verwandten erzählen. Alle Daten stimmen hier vermutlich leider nicht und vieles kenne ich nur aus Erzählungen.

Meine Verwandten

Mein Großvater väterlicherseits, wie schon erwähnt, war das jüngste Kind einer Bauernfamilie, der seine Talente nicht ausleben konnte und schon die Zusage einer bekannten Münchner Volksbühne hatte, ehe er erneut Vater wurde. Ich habe ihn kaum bewusst gesehen und ich kann mich nur noch an sein Gesicht erinnern, aber nicht daran, was er geredet hat.

Meine Großmutter väterlicherseits verstarb mit 50 Jahren an Krebs.

Die zweitälteste Schwester meines Vaters hat nach dem Tod der Mutter die zwei Brüder meines Vaters großgezogen, der ältere war vierzehn Jahre und der jüngere acht Jahre alt.

Die älteste Schwester, die Hobbyastrologin, hat früh geheiratet und ist die Mutter des Pfarrers. Sie hat ihren ersten Mann leider früh verloren. Er starb mit 34 Jahren an einem Blinddarmdurchbruch.

Ihr zweiter Mann war der Inhaber einer Spedition und sicher ein toller Vater. Er war ein ehrlicher, bodenständiger, liebenswerter Mensch.

Er litt dann unter schwerwiegenderen Herzproblemen, musste dann die Spedition verkaufen und sich immer sehr vorsichtig verhalten.

Er starb nicht ganz überraschend an einem Herzinfarkt zu Hause auf der Couch.

Mit meinem Cousin dem Pfarrer hätte ich gerne mehr Kontakt gehabt, doch er war ja das weiße Schaf der Familie und ich das schwarze, und heute habe ich leider kaum Kontakt zu ihm. Erst vor kurzem habe ich ihm ein Video von einem meiner Auftritte auf einer Geburtstagsfeier geschickt und er war begeistert. Das hat mich sehr gefreut und ich habe geweint. Ein Grund für unseren seltenen Kontakt ist auch vollkommen meine Schuld. Ich habe mich in seine Assistentin, seine rechte Hand, verguckt. Ich ging mit ihr einmal in die Oper oder ins Theater, ich weiß es nicht mehr. Sie war wunderschön, hatte langes, krauses, braunes Haar und eine tolle Figur, aber das Wichtigste sie war einfach ein toller Mensch. Ohne sie wirklich zu kennen, war ich mir dessen sehr sicher. Sie hat mich dann noch zum Faschingsball eingeladen und war vielleicht enttäuscht, dass ich nicht kam. Es fiel mir verdammt schwer ihr abzusagen, denn als ich das schrieb, fühlte ich mich sehr zu ihr hingezogen. Aber die Konstellation aus meinem Cousin, dieser Frau – die wie ich später erfuhr auch das Keuschheitsgelübde abgelegt hatte – und mir war vollkommen unmöglich.

Mein älterer Onkel, ein Bruder meines Vaters, ist bereits achtzig Jahre alt, hat zwei Töchter bekommen und ist ein gebildeter, gottgläubiger Mann, der heute hauptsächlich damit beschäftigt ist, seine Enkel mitgroßzuziehen.

Er lief mit, ich glaube, 73 Jahren noch den Münchner Stadtmarathon, hat bis 55 Fußball gespielt und selbst heute läuft und schwimmt er noch 2 Stunden pro Tag. Seine ältere Tochter lernte Bildhauerei und Kirchenmalerei und studierte Kunst.

Ich war mal mit ihr und meinem Cousin, dem damals angehenden Pfarrer, in der Toskana auf Urlaub. In Florenz wurde mein Auto aufgebrochen und wir verbrachten dann noch einige Tage in Jesolo.

Mein Cousin der Pfarrer war ein hübscher Kerl. Damals hatte er blonde Haare und lange blonde Wimpern. Zwei Angestellte des Hotels fragten mich, ob er verheiratet sei, und ich wusste nicht, was ich antworten sollte. Ehrlich gesagt, kam mir Komisches in den Sinn. Ich habe aber dann doch gesagt, dass er angehender Pfarrer ist.

Gott sei Dank, gewann meine Vernunft.

Mein jüngerer Onkel bekam zwei Söhne, die mittlerweile auch Kinder haben. Ich habe leider keinen Kontakt zu ihm und kann hier nicht viel schreiben, aber sein Leben ist und war sehr spannend.

Mein Vater

Zu meinem Vater habe ich ja schon einiges geschrieben. Er verstarb 2017 nach langem Leiden an Krebs. Er war auch im Alter ein stiller Mann, dem ich und auch meine Schwester, meine Mutter, auch meine Großmutter und deren Lebensgefährte viel Kummer bereiteten.

Ich habe ihn geliebt, auch wenn ich es nie so zeigen konnte, und er hat mich auch gerngehabt, obwohl er mich nie respektiert hat. Ein Mann ohne Kinder, der keine Bäume pflanzt und kein Haus baut und dazu handwerklich ungeschickt ist, war seiner Vorstellung nach wohl kein Mann. Er sagte immer, ich sei ihm sehr ähnlich. Das habe ich früher nie verstanden, heute schon. Ich sehe zwar eher wie meine Mutter aus, aber auf der Gefühlsebene komme ich viel mehr nach meinem Vater.

Meine Mutter

Sie wurde 1941 in Wien geboren.

Meine Großmutter kam aus Wien. Aufgrund der Kriegswirren erschien es ihr besser ihr Kind, also meine Mutter, in ihrem Elternhaus zu gebären.

Meine Mutter ging in Wien in die Volksschule und lebte bis nach Kriegsende in Wien bei ihrer Großmutter, die ich noch kennenlernte. Meine Mutter ist ein Einzelkind und ist heute 83 Jahre alt. Sie hat genauso wie ich Gewichtsprobleme und bekam vor nicht allzu langer Zeit Darmkrebs. Sie hat sich außerdem entschieden, mich nicht zu lieben, aber dazu später mehr, eher gegen Ende des Buches.

Meine Großmutter

Meine Großmutter mütterlicherseits war das jüngste von vier Kindern und fand in Wien keinen Ausbildungsplatz. Sie war ein blondes, stämmiges Mädchen gewesen mit eisernem Willen und einem lauten Organ, wenn es notwendig war.

Sie ging schließlich nach München und machte eine Lehre als Chemielaborantin bei einer Firma, in der sie später gleichberechtigte Geschäftsführerin mit den Besitzern wurde. Die Firma stellte Fotopapier her.

Sie war zeitweise eine alleinerziehende Mutter, ehe sie das Ungeheuer ihren zweiten Mann kennenlernte.

Sie war unheimlich fleißig und wollte in ihrem Leben was erreichen.

Nachdem Tod des Ungeheuers, auf dessen Grund die zwei Doppelhaushälften stehen, war sie mit etwa 55 Jahren wieder auf Männersuche und landete letztendlich bei dem Schreiner der Firma, bei der sie Geschäftsführerin war. Er war ein schwieriger Fall, Kettenraucher, fast Alkoholiker und ein Spieler, der aus den USA flüchten musste, weil er dort ein Kind gezeugt hatte und keine Alimente zahlte. Er war, wie meine Mutter sagte, ein notorischer Lügner. Es gab ständig Streit in dieser Doppelhaushälfte und bei vielem konnte man mithören.

Trotzdem sie war so nicht allein und machte tolle Reisen nach Indien, Island, Kenia, etliche Male nach Österreich sowie nach Fuerteventura und auch nach Kanada mit dem Wohnmobil – da war sie fast 80 Jahre alt.

Ihr Lebensgefährte war 10 Jahre jünger als sie.

Wenn ich mal 100 Mark brauchte, kein Problem, ihre Geldbörse war gleich offen. In der Regel war es geschenkt, manchmal auch geliehen.

Sie wusste mit 85 Jahren noch, wann ich mir Geld geliehen hatte und wann ich es zurückgeben musste – bescheißen konnte man sie nicht.

Sie wurde 94 Jahre alt und hatte auch ein sehr spannendes Leben, trotzdem mochte meine Mutter sie nicht sehr. Lag es an dem Lebensgefährten, an der Kindheit meiner Mutter oder daran, dass sie selten Zeit für ihre Enkelkinder hatte? Der Lebensgefährte war schon etwas seltsam und meine Mutter hatte immer Angst, dass meiner Schwester etwas passieren könnte. Er war auch ein notorischer Lügner, unter anderem, weil er aufgrund seiner Minderwertigkeitskomplexe immer mehr sein wollte, als er war.

Er starb mit 85 Jahren im Altenheim.

Es gab auch viel Streit, weil er nach dem Tod meiner Großmutter das Wohnrecht für ihr Haus bekam.

Am vorletzten Tag ihres Lebens fragte mich meine Großmutter, ob sie bald sterben müsste zu Hause im Wohnzimmer in ihrem Pflegebett. Ich sagte ja und wir haben in ihrem schlechten Zustand über ihr Leben, ihre Männer und ihre Kindheit gesprochen. Am nächsten Tag starb sie im Krankenhaus. Sie war nicht der Mensch für ein Pflegebett.

Meine Schwester

Sie ist zwei Jahre jünger als ich hatte leichte Probleme in der Schule, schloss die Realschule ab und wurde gelernte Steuerfach- angestellte in einer Kanzlei.

Sie hat blaue Augen, nicht ganz die meines Vaters, ist schlank und fast so groß wie ich.

Sie ist außerdem sportlich talentiert und verschwand spätestens ab ihrem dreizehnten Lebensjahr an bis zur Geburt ihrer Kinder aus meinem Blickfeld.

Sie hatte mit 13 ihren ersten Freund, der ein fünf Jahre älterer Junge war, mit dem sie auch 6 Jahre zusammen war. Er durfte auch da schon bei ihr übernachten. Ich konnte mit ihm überhaupt nichts anfangen.

Wenn sie mit Schulfreunden brach, dann war es das, und „Mensch ärgere Dich nicht" konnten wir nicht mit ihr spielen, weil sie das Spiel wegräumte, wenn sie verlor. Ich kenne sie eigentlich gar nicht als Person und weiß nicht, was sie denkt oder fühlt.

Sie verließ diesen Freund und verliebte sich in dessen Bruder, den sie auch geheiratet hat. Was das für ein Drama war für diese Familie, kann man sich vorstellen. diesem armen Kerl, schnappte sein drei Jahre älterer Bruder die Frau weg. Der arme Kerl hat das nie verkraftet, lernte seine beiden Nichten erst kennen, als sie 11 und 12 Jahre alt waren, und sprach mit seinem Bruder bis zu dem Streit um das Erbe ihrer Eltern kein Wort.

Ich dachte immer nur, Schwesterchen, das hast du gut hingekriegt.

Ein paar Jahre später rief mich meine Mutter wegen meiner Schwester an, weil sie nicht mehr zu ihrem Mann konnte. Sie würde es nicht mehr aushalten, wenn er sie berührte.

Die Vorgeschichte dazu ist, dass ich mit meiner damaligen Freundin zum Tanzen ausgegangen war und mein damaliger Freund und Arbeitskollege, der mit mir im gleichen Büro saß, mitgekommen war. Meine Schwester, die eigentlich mit ihrem Mann kommen wollte, kam allein und tanzte den ganzen Abend mit meinem Freund. Sie ratschten nicht einmal mehr mit uns.

Das Ende des Lieds, ihr Ex-Mann musste ausziehen und ein halbes Jahr später zog mein Ex-Freund ein. Die Kinder akzeptierten das, waren aber auch schockiert. Die Scheidung folgte, und beide Kinder flüchteten nach dem Abitur von zu Hause.

Nun dachte ich, wäre alles gut, denn sie hatte den Mann, den sie sich gewünscht hatte.

Mit ihrem Ex-Mann kam ich gut aus. Wir fuhren auch gemeinsam Fahrrad, aber er war der unkommunikativste Mensch, den ich kannte.

Mein Ex-Freund war ja genau das Gegenteil davon. Trotzdem waren beide Widdermänner, denn meine Schwester brauchte auch Führung.

Ein Jahr später bekam ich wieder einen Anruf. Meiner Schwester geht es nicht gut. Ich erfuhr, dass sie ständig weinte, nicht aufstehen und nicht in die Arbeit konnte und einfach sehr krank war.

Sie sprach viel mit den Therapeuten und stellte fest, dass ich wegen meiner früheren Probleme auch eine Teilschuld haben sollte.

Ich habe mich mit ihrer ganzen Thematik eigentlich nie befasst und war froh, dass ich mein eigenes Leben in den Griff bekommen hatte, denn etwa drei Monate vor diesen Nachrichten hatte mich meine langjährige Freundin verlassen.

Heute scheint es ihr besser zu gehen, wobei ich jedoch jeden Kontakt zu ihr abgebrochen habe und auch nie wieder welchen haben möchte. Meine Nichten habe ich, als sie Kinder waren, sehr geliebt.

Eine wurde Doktorin der Betriebswirtschaft und hat einen Tunesier geheiratet, der bereits zwei Kinder von einer anderen Frau hatte. Sie hat von ihm dann noch zwei weitere Kinder bekommen.

Sie wohnt nun in unserem Elternhaus, weil meine Mutter ins Betreute Wohnen übersiedeln musste.

Die zweite Tochter hat bei der Weinlese in Frankreich einen englischen Lehrer kennengelernt. Sie leben seit Jahren ein etwas außergewöhnliches Leben, da sie sich in Portugal ein Grundstück gekauft haben. Sie scheinen dort glücklich zu sein.

Sie hat auch ein abgeschlossenes Studium in Germanistik und Kunstgeschichte – glaube ich zumindest.

Wenn ich mir so all die Lebensläufe all meiner Verwandten über Generationen hinweg betrachte könnte ich für jedes dieser Leben ein Buch schreiben.

Ende meiner Verwandten

Jetzt hatte ich also eine Ausbildung in der Tasche und bestand auch die Umschulung erfolgreich, bei der ich zwei Männer kennengelernt hatte, mit denen ich mich anfreundete.

Ich lernte einen Dresdner, kennen, der von der DDR in die BRD geflüchtet war und bei dem Versuch, seine Frau zu sich zu holen, geschnappt wurde. Beide saßen in Bautzen ein und seine Frau litt unter starken Schwierigkeiten beim Sehen.

Beide wurden dann von der BRD freigekauft, denn die brauchte ja Devisen.

Wir haben viel gequasselt und ich habe viel über die DDR erfahren, was wirklich sehr interessant war, außerdem habe ich extrem viel mit ihnen geübt, bis ich das Sächsische auch ein wenig draufhatte.

Wie es der Zufall wollte, wurde seine Frau auch von der Steuerkanzlei eingestellt, für die meine Schwester arbeitete.

Als er dann den Industriekaufmann in der Tasche hatte, bekam er sofort eine Stelle bei einer Autofirma und ein halbes Jahr später war er trotz des gemeinsamen Kindes von seiner Frau getrennt.

Irgendwann, etwa ein Jahr später, bekam ich einen Anruf von seiner Frau, denn sie hatte ja meine Handynummer. Sie fragte, ob ich nicht mal auf einen Kaffee vorbeikommen wollte. Oh nein, nicht das jetzt. Diesen Kaffee kannte ich und den wollte ich mir nicht antun.

Während der Umschulung lernte ich auch einen coolen Typen kennen.

Er war ein absolut wahnsinniger, aber interessanter Typ, der eigentlich so zu mir gepasst hat wie ein Ferrari zu einem neu gekauften Golf.

Seine Lieblingsbeschäftigung war, in der Nacht durch München zu rasen und bei Rot rechts an der Ampel vorbei zu düsen. Ich war mir sicher, er kannte die Strecken. Ich fand es cool, sagte ich ihm, aber in Wirklichkeit war ich kurz davor, zu pinkeln.

Er hatte irgendwie auch Verbindungen zu dem Filmstudio, das damals den Dreh für ein „Duran Duran"-Video machte. Das war echt der Wahnsinn.

Ich sah mit 20 Jahren wie maximal 17 aus und in dem Studio arbeiteten Schnecken, unvorstellbar. Die hatten 15 Zentimeter hohe Hackenschuhe an und einen Vorbau sondergleichen.

Ich wurde leider auch mit 20 rot, obwohl ich ja schon ein bisschen was gesehen hatte. Die haben sich einen brutalen Spaß mit mir erlaubt. Ach, ist der süß, kommst du mal mit und du kommst schon wieder, waren noch die harmlosesten Sätze und mein Kumpel hat sich halb totgelacht.

Er hat die Umschulungsmaßnahme abgebrochen, weil er Vater wurde und einen gut dotierten Job in der Filmindustrie bekam.

Er kannte sich mit Aufzeichnungsgeräten, Kameras und ähnlichen Geräten gut aus.

Nachdem ich die Ausbildung zum Industriekaufmann beendet hatte, wartete meine Oma schon auf mich.

Ich sollte in der Firma, in der sie Geschäftsführerin war, ihre Aufgaben übernehmen. Die Konstellation war natürlich eine andere, denn mittlerweile war der Sohn einer der der alten Geschäftsführer der alleinige Geschäftsführer und ich sollte für wenig Geld alle Aufgaben übernehmen, die meine Oma gemacht hatte. Ich sollte eine Einarbeitungszeit von drei Monaten haben, da meine Oma noch so lange mitarbeiten würde. Da war sie 71 Jahre alt. Ich kannte eigentlich schon alles, denn ich hatte in den fünf Jahren davor immer in den Sommerferien dort gearbeitet.

In der kurzen Zeit dort habe ich Dinge erlebt, unglaublich. Sie hatten eine Mitarbeiterin in der Produktion im Lager, die circa 35 Jahre alt und vollkommen verrückt war. Sie hat sich einmal auf den Boden geworfen und so komische Bewegungen gemacht.

Ich fragte Benno, einen Italiener, der mir schon während der Ferienzeiten in der Produktion alles gezeigt hatte, welche Maschinen es gab, wie man die umrüsten musste und so weiter. Er sagte zu mir, siehst du es denn nicht?

Keine Ahnung?

Das sind Stellungen. Sie schrie dann, Hansi schau, was ich noch alles kann. Sie nannten mich alle Hansi, weil meine Oma ja auch immer Hansi zu mir sagte. Dann war mir alles klar. Sogar heute kenne ich noch den Namen dieser Frau, die außerdem mit dem Postboten zusammen war, der zufällig auch noch hereinmarschiert kam.

Der Postbote nahm sie dann mit. Am nächsten Morgen kam sie dann in die Arbeit und lief an mir vorbei. Ich habe sie einfach nicht angeguckt und der Spuk war nur ein einmaliges Intermezzo.

Ein weiteres Intermezzo fand statt, als ich morgens in die Arbeit kam und die Bürokraft, die mit dem Enkel zusammen war, hereinkam und fragte, wie es meinem dritten Fuß ginge, während sie sich auf meinen Schoß setzte. Erst wusste ich gar nicht, was sie meinte, aber dann wurde es mir sehr schnell klar. Sie stand dann auf und lachte.

Also so erotisch war es dann aber auch wieder nicht, denn ich hatte ja eine Hose an.

Ein weiteres Erlebnis der dritten Art machte ich mit unserer neuen Nachbarin. Auf dem Grundstück des Selbstmörders wurde ein wunderschönes Haus gebaut, in das ein Ex-Pilot der Bundeswehr mit einer schönen Frau, einer Amerikanerin, zog. Sie hatten auch ein kleines Schmuckgeschäft aufgemacht, für das sie türkisen Schmuck der Ureinwohner Amerikas aus den USA ankauften, den sie dann auf Messen oder halt auch per Versand verkauften. Meine Großmutter arbeitete da bis 78 Jahre alt war noch mit, sonst wäre ihr langweilig geworden.

Das Paar trennte sich dann aus irgendeinem Grund.

Ich kam an einem Sommertag gegen 16:00 Uhr verschwitzt zu Hause an, als meine Mutter mir sagte, ich solle mal schnell zur Nachbarin rübergehen, weil irgendetwas mit den Fernsehsendern nicht stimme.

Nichts ahnend ging ich rüber. Sie saß auf einem Kissen neben ihr, wobei der Fernseher, der ihr gegenüberstand, lief. Sie sagte, ich solle mich mal zu ihr setzen, während sie die Fernbedienung in der Hand hielt. Ich dachte noch, vielleicht ist die kaputt. Ich setzte mich also hin und sie drückt auf den Knopf und im Fernseher lief „Aus der Lederhosen gibt es koa Sünd ein Softporno-film. Zugegeben, diesen Film kannte ich, und ich hatte mich auch schon gewundert, wieso ich eine ihrer Brüste so halb sehen konnte.

Ich bin dann aufgesprungen und gegangen, weil ich derma-ßen verschwitzt war und gestunken habe. Am nächsten Tag är-gerte ich mich schon. Ich hätte bei ihr duschen sollen, ich Idiot. Vielleicht war ich aber auch zu feige und zu normal. Mir ging auch durch den Kopf, dass sie die Nachbarin meiner Eltern war.

Es war das einzige Angebot, dieser Art, eigentlich Schade.

Ich fing dann also in der Fotofabrik-Firma.

Ich hatte 40 Leute unter mir, denen ich Anweisungen geben musste, und war für den Einkauf der Rohmaterialien, für die Disposition und Auslastung der Maschinen, für den Verkauf, für den Versand und eigentlich für alles verantwortlich, außer für das Marketing und den Vertrieb.

Ich musste auch schauen, ob wir genügend Leute haben und diskutierte am Abend noch mit dem Enkel Personalthemen.

Statt dem geplanten 8-Stunden-Tag hatte ich fast einen 12-Stunden-Tag, und für das, was ich alles machte und auch konnte, verdiente ich eindeutig zu wenig Geld.

Mit den ganzen Mitarbeitern kam ich gut aus. Sie kannten mich ja schon lange, denn ich war ja der Enkel meiner Oma, und sie wussten, dass ich ein netter Mensch war, und halfen mir, wo es nur ging.

Mit dem Enkel gab es immer wieder Probleme. Ich hatte schon fast ein Jahr durchgehalten und besprach die Probleme nach der Arbeit auch mit meiner Oma. Ich bekam dann mehr Geld, aber mit den Arbeitszeiten wurde es eher noch schlechter.

Eines Abends, so gegen 19:00 Uhr, fiel ein Arbeiter aus und wir hatten einen schönen Kundenauftrag. Da sagte der Neffe zu mir im Befehlston, ich solle jetzt die Maschine bedienen und bis Mitternacht arbeiten. Ich konnte das, weil ich es auch wäh-rend meiner Ferienjobs gemacht hatte.

Ich sagte zu ihm, ich kündige fristlos. Das Fass war überge-laufen und dann warf ich ihm noch drei Arschlöcher hinterher.

Ich bin für keine einzige weitere Minute mehr in dieser Firma gewesen.

Meine Oma ist dann am nächsten Tag in die Firma gegangen und hat dem Neffen die Meinung gegeigt.

Die Firma hat drei Jahre später Konkurs angemeldet.

Nun saß ich wieder zu Hause in meinem Kinderzimmer arbeitslos, keine Freundin, Eltern, die sich Sorgen machten und stritten, während ich vor dem Fernseher saß oder Gedichte schrieb, noch ein bisschen Fußball spielte und jeden Montag mit den Kumpels bis 01:00 Uhr nachts in der Fussball-Vereinswirtschaft Schafkopf spielte. In Discos ging ich auch, aber was sollte ich schon da und wie stabil war ich und wie groß war mein Selbstbewusstsein. Oje! Natürlich habe ich wieder viel geweint und entschied mich nach längeren Diskussionen zu einem Psychologen zu gehen aber nach einer Sitzung war ich damit durch. Ich musste mich also vor ihn stellen, in die Knie gehen, schnell wieder aufstehen und laut brüllen.

Bei aller Liebe, ich ging lieber Baden und spielte Fußball.

Nun stand ich wieder da, hatte Angst, gab mir wieder an allem die Schuld und redete mir ein, wenn es ein weißes Schaf wie meinen Cousin gab, dann musste es auch ein schwarzes Schaf geben und zwar ich.

Ich hatte noch was verbrochen, wovon bisher niemand wusste. Ich war mit dem Wagen meiner Mutter etwas vor dieser Zeit nach einem Vereinsabend leicht alkoholisiert in das Auto eines Mitspielers gefahren und hatte ein Licht zerstört.

Der Schaden war nicht allzu groß und teuer und er hatte rumgefragt, ob jemand was wusste, aber ich hatte so viel Angst vor meinen Eltern, dass ich es nicht zugab. Ein totaler Versager und jetzt auch noch das. Ich war am Ende und habe es tausendmal bereut, selbst heute tu ich es noch, während ich das schreibe. Wie es der Zufall wollte, hatte das Auto am nächsten Tag einen Termin in der Werkstatt, und da meine Mutter auch gern leichte Blechschäden verursacht, fiel es niemandem auf.

Tja, was sollten jetzt wir jetzt mit dem Jungen machen? Aufhängen wollte er sich nicht mehr und schlecht aussehen tat er auch nicht, aber Job hat er keinen und er spann nach wie vor.

Mein Vater nahm es langsam mit Humor und meine Mutter war Oma geworden und hatte ganz andere Prioritäten.

Wieder hatte ich trotz allem Pech und Unvermögen aber auch Glück.

Kapitel 6

Die Lebensanstellung und wieder andere Zeiten

Meine Astrotante, die Frau, die mich heute noch liebt, und ihr Mann hatten mehrere Wohnungen. In einer wohnte der Personalleiter einer bekannten Firma. Ich weiß nicht, was sie ihm gab, K.O.-Tropfen oder Geld, aber er guckte sich meinen Lebenslauf an und half mir – sicher wegen meiner Tante.

Ich musste noch so einen Logiktest, oder wie sich das damals nannte, machen und als ich den mit Bravour bestanden hatte und der Prüfer gar nicht verstand, warum ich eigentlich hier saß und nicht schon längst ein abgeschlossenes Studium hatte, war ich zum ersten Mal in meinem Leben stolz auf mich. Es klingt sehr traurig und auch gerade bei diesem Satz muss ich jetzt weinen. Mein Vater war leider bis zu seinem Tod nie stolz auf mich, und dass wohl auch zu Recht, und meine Mutter erst recht nicht.

Eine Woche später fuhr mich mein Vater zur Arbeitsstelle und ich hatte drei Möglichkeiten, um einen Job zu bekommen. Ich hatte drei Termine mit den jeweiligen Abteilungsleitern und alles war schon vorbesprochen.

Soweit ich mich erinnern kann, waren die drei Abteilungen das Fernmeldewesen, die Energie oder die IT.

Es waren tolle Gespräche. Ich konnte sehen, was alles gemacht wurde, und alle waren total nett zu mir.

Ich entschied mich dann für die IT. Der Hauptgrund klingt ein wenig seltsam, aber an den Arbeitsplätzen in den zwei anderen Abteilungen standen Schreibmaschinen und ich hatte es schon während der Umschulung gehasst, auf diesen Dingern herum zu klopfen, geschweige denn das vernünftig zu lernen. Mein erster Arbeitstag war also der im April 1985 und dass ich hier so sitze und das schreiben kann, liegt daran, dass ich durchgehalten habe – oft aus Existenzangst, aber auch weil es mir teilweise Spaß gemacht hat und ich viele Menschen getroffen habe, die mir geholfen und mich gemocht haben. Es hieß damals immer, wer in diese Firma reinkommt, hat es für den Rest seines Lebens geschafft.

Dass ich zumindest dem Namen nach acht Arbeitgeber haben würde, bedingt durch Umfirmierungen und innerbetriebliche Wechsel, war damals noch nicht absehbar.

Der Einstieg in etwas mehr Lebenssicherheit war geschafft, aber es galt noch so viele Krisen in allen Lebensbereichen zu überstehen und ich habe noch Millionen Tränen vergossen.

Im gleichen Jahr bin ich auch ausgezogen, aber nicht weit weg von meinen Eltern. Sie haben mich unterstützt und mir Geld für die Einrichtung gegeben. Zwei Zimmer, eine Küche und ein Bad für einen traurigen, einsamen jungen Mann, der ausprobieren musste und wollte, wie er allein zurechtkam. Einen kleinen Balkon hatte ich auch und ein kleiner See war in der Nähe.

Ich musste die Streitereien meiner Eltern nicht mehr miterleben und mich auch nicht mehr einmischen, denn dann stritten sie mit mir. Das Geschirr, das mir meine Oma geschenkt hat, wird heute noch verwendet.

Für einen jungen Mann war alles vollkommen ausreichend. Das Schönste war das große Bett und der Fernseher davor.

Die Wäsche durfte ich noch zu meinen Eltern bringen und zur Not auch noch in ihren Kühlschrank gucken.

Ich fühlte mich freier, aber erst mal natürlich auch einsam, wobei ich mich nach und nach daran gewöhnte.

Der erste Tag in der IT-Abteilung war jedoch schon sehr merkwürdig.

Ich unterschrieb einen Vertrag mit Schichtarbeit – Vormittagsschicht, Nachmittagsschicht und Nachtschicht – und verdiente mit den Zulagen schon einiges mehr als beim Neffen.

Der Maschinensaalleiter begrüßte mich und stellte mich meinen Kollegen vor. Wir waren sechs Mitarbeiter pro Schicht.

Die Kollegen sollten mir dann alles erklären. Zuerst durfte ich dann aber mit vier weiteren Kollegen in den Aufenthaltsraum, während zwei arbeiteten. Ich saß also da und ratschte mit den neuen Kollegen.

Dann wurden mir die Tätigkeiten der Frühschicht erklärt, die ich nach 2 Stunden mit einer Ausnahme locker draufhatte, was aber daran lag, dass mir diese Tätigkeit gar nicht erklärt wurde.

Bei den Aufgaben der Spätschicht lief es ähnlich.

Die Hauptarbeit bestand daraus, Rechner vom Bildschirm aus zu aktivieren, die sich aufgehängt hatten, Lochkarten zu stanzen, wenn es Fehler gab, Großdrucker zu bedienen, das Bandgerät nach den Vorgaben zu bedienen und die Plattenspeicher zu wechseln. Eine Platte mit 40 Megabyte wog 15 Kilogramm. Außerdem musste das System einmal am Tag nach bestimmten Abläufen hoch- und runtergefahren werden. Das war der Anfang der Rechnerzeit und die Siemens-eigene Software hieß BS2000.

Unter Kolleginnen, die ihren Rechner aktivieren wollten, war der Standardsatz immer, können Sie mich aktivieren, und ich habe mich dann schon ein paarmal getraut, den Damen wann und wo zu sagen, und es wurde gelacht.

Die Spätschicht war der Frühschicht sehr ähnlich und ich hatte sofort alle Tätigkeiten, die notwendig waren, drauf.

meiner ersten Nachtschicht habe ich nichts gelernt und nicht gearbeitet. Ich kam also so gegen 22:00 Uhr in die Arbeit.

Im Aufenthaltsraum wurde Schafkopf gespielt.

Der Schichtleiter war so um die 30 Jahre alt und ein 1,90 großer Bayer aus Rosenheim. Zwei von der Spätschicht saßen auch noch am Tisch und sie brauchten noch einen vierten Mann.

„Servas, konnst du Schofkopfa?", fragte mich der Schichtleiter. Logisch, antwortete ich. Ich hatte das Spiel schon mit acht Jahren gelernt und hatte es zu Hause und mit den Fußballern ständig gespielt.

Das bedeutete also, dass von 22:00 Uhr bis 04:00 Uhr Karten gespielt wurde.

Ein kleiner Nebenverdienst für mich, denn ich war eindeutig der beste Spieler. Abgesehen von mir fing am gleichen Tag auch noch ein Vietnamese an.

Ich brachte ihm Schach bei und er mir ein asiatisches Brettspiel.

Ich habe leider den Namen vergessen, aber ich glaube, es heißt GOGO.

Das bedeutete, dass ich beim Schach sehr schnell wenig Chancen hatte. Wir spielten immer drei Partien und wer zuerst zwei gewonnen hatte, war der Sieger. Gewinnen gelang mir nur noch sehr selten.

Wir haben uns irgendwann aus den Augen verloren, aber ich habe gehört, dass er einen Doktor in BWL gemacht hat.

Meine Kollegen und Kolleginnen waren generell seltsame Typen, hauptsächlich Leute, die ihr Studium abgebrochen hatten.

Mathestudenten, Lebensmitteltechniker und der Extremste war ein Ex-Journalist einer Tageszeitung, der mit Sicherheit irgendwie krank war. Man konnte ihn nur am Großdruckergerät einsetzen und auch da schaffte er es, was kaputtzumachen, zudem sammelte er Zeitungen. Ein paar von uns halfen ihm beim Umzug und mussten ein komplettes Zimmer voller Zeitungen ausräumen. Er hatte auch sechs Kinder und zwei davon sangen im Tölzer Knabenchor. Er kam fast immer im gleichen Anzug in die Arbeit, sah meistens aus wie ein Penner, stank wie die Pest und konnte deshalb auch nur im Druckerraum arbeiten, der weit, weit weg von allen anderen war. Er war auch nie im Aufenthaltsraum. Er wurde immer von den Schichtleitern rausgeschmissen und von mir dann auch.

Schon nach drei Monaten wurde ich Schichtleiter und bekam mehr Geld.

Es gab auch einen Alkoholiker unter uns, der hochintelligent, aber eben sehr krank war. Im Aufenthaltsraum gab es immer auch ein absperrbares Alkoholfach. Gerade die Damen brauchten auch mal ein Schlückchen stärkeres Metaxa und so weiter.

Ich habe gehört, dass der Alkoholiker auch mal Putzmittel getrunken hat. Auf der Suche nach dem Schlüssel für das Alkoholfach, den er ja nie bekam, zerstörte er dann mal die ganzen Küchenschränkchen.

Er erhielt zwei Abmahnungen und bekam zwei Entzugsaufenthalte bezahlt. Die Firma hatte für solche Fälle sogar eigene Möglichkeiten, trotzdem habe ich gehört, wurde er immer wieder rückfällig und starb recht jung an Bauchspeicheldrüsenkrebs.

Ich könnte jetzt ohne Ende Geschichten von diesen Zeiten erzählen, vom Papierkeller, der von einem Pärchen anderweitig genutzt wurde, von den Faschingsbällen, die wir im Maschinensaal veranstalteten, und so weiter und so weiter.

Ich besuchte viele Fortbildungskurse. Ob sie sinnvoll waren oder nicht, sei mal dahingestellt, und ich durfte, obwohl ich bei der Einstellung schon ein wenig zu alt war, an einem sozialpädagogischen Siemens-Kurs teilnehmen.

Anfang des sozialpädagogischen Kurses

In der ersten Woche machten wir sogenannte Rollenspiele und in der zweiten Woche eine Projektarbeit.

Es nahmen junge Menschen aus ganz Deutschland von Traunstein bis Hamburg teil, die eine Anstellung bekommen hatten.

Es gab wirklich gutes Essen in der Kantine, eine Disco und mehrere Weinkneipen im Ort.

Ich fühlte mich sehr wohl und verstand mich wie üblich mit den Mädels am besten.

Während der Projektwoche konnte ich mich richtig ausleben.

Es sollten sich immer sechs Leute zusammentun und etwas gemeinsam auf die Beine stellen. Ich, nein wir entschieden uns für das Thema Jugend mit den Schwerpunkten Drogensucht, Jugendkriminalität, Erziehung und Arbeitslosigkeit.

Wir bekamen eine Filmkamera zur Verfügung gestellt, eine große Pinnwand, auf der wir unsere Collage entwickeln konnten, und weitere Materialien.

Wir haben Ideen gesammelt und relativ schnell war klar, dass ich das Ganze steuern musste. Ich war also der Regisseur, zwei Mädels die Zeichnerinnen und dann hatten wir einen rothaarigen Jungen dabei, der die Hauptrolle in unserem kleinen Spielfilm spielen sollte, und einen Technikinteressierten, der die Kamera hervorragend bediente.

Wir haben mehrere Szenen gedreht und auch Aufnahmen wiederholt, wenn wir nicht zufrieden waren.

Wir drehten im Ort und fragten die Leute in der Bäckerei und in der Apotheke, ob wir was klauen dürften, um das zu filmen. Wir drehten und ich schrieb das Skript, das die Schauspieler dann beim Arbeitsamt und beim Vorstellungsgespräch wiedergaben.

Ich könnte hier noch viel dazu schreiben. Der Junkie bekam keine Anstellung und gab sich einen Todesschuss. Die Mädels hatten natürlich auch Rollen. Die eine spielte die Freundin des Junkies und die andere die Sekretärin des Chefs. Wir hatten auch zum Thema Erziehung einen Sketch vorbereitet, dessen Text ich geschrieben hatte. Die Handlung war ganz primitiv; ein junger Mann, der seinen Platz einer älteren Dame überließ. Für die Filmaufnahmen suchten wir noch nach älteren Damen, denen wir dann über die Straße halfen.

Wir waren ein tolles Team und es hat unheimlich Spaß gemacht. Wir wurden erst am letzten Abend vor der Veröffentlichung mit unserem Vortrag fertig.

Es hat mir Freude gemacht, und die Umsetzung dieser Idee habe schon überwiegend ich geleitet. Den Satz finde ich jetzt eigentlich blöd, aber er soll einfach nur zeigen, dass ich darin vielleicht ein kleines Talent hatte. Ein Talent, Leute zusammen zu bringen, Harmonie zu entwickeln, ein Ergebnis zu kreieren und ein Ziel zu erreichen.

Wir erhielten unglaubliches Lob. Wir stellten die Filmszenen vor, die Collage und den Sketch. Es waren alle Lehrer zugegen und alle sagten, dass unsere Arbeit die beste war, die sie hatten, seit diese Form der Weiterbildung angeboten wurde. Meine Gruppe sagte vor versammelter Mannschaft auch, dass vieles von mir kam, und alle waren sehr freundlich zu mir.

Ich musste auf die Toilette gehen, um dort zu weinen.

Es war das erste Mal, so war es zumindest gefühlt, und das auch heute noch, das ich für etwas was mir Freude bereitet hat gelobt wurde.

Wir hatten dann noch einen schönen Abschlussball mit Knutschen und so. Drei Mädels meiner Gruppe habe ich dann in Frankfurt, Nürnberg und München besucht. Ich wurde bei ihnen bekocht und wir sind essen gegangen. Alles ganz harmlos.

Ende des sozialpädagogischen Kurses

Nach eineinhalb Jahren Schichtarbeit in meiner ersten Abteilung musste ich dort raus. Ich wusste, dass das beruflich eine Sackgasse war. Ich ging also zum Maschinensaalleiter und fragte, ob es die Möglichkeit gäbe, eine andere Stelle zu bekommen. Er sagte, er hätte sich eh schon gewundert, dass ich nicht früher gekommen war. Es dauerte keine drei Wochen und ich saß woanders.

Die Schichtarbeit war für mich nicht ganz ungefährlich. Ich bin auf der Heimfahrt am Morgen – gerade wenn ich Spätschicht hatte und um die Nachtschicht erweiterte um Karten zu spielen – zweimal auf der Autobahn eingeschlafen. Einem Kollegen ist das auch passiert, der hatte aber noch ein paar Bierchen gehabt und hüpfte über die Leitplanke der Autobahn. Er ließ sein Auto dann im Feld stehen, ging 20 Kilometer zu Fuß nach Hause und versteckte sich drei Tage lang vor der Polizei.

Abgesehen von freitags, wenn es Weißwürste gab und ich mir doch auch mal ein Weißbier gönnte, gab es für mich keinen Alkohol.

Manchmal wurden die drei Schichten wegen Krankheitsfällen auch durchgemischt und so traf ich meine erste große Liebe, und ich musste wieder weinen und weinen und weinen.

Mit 15 Jahren verliebte ich mich in meine Biologielehrerin und dachte beim Einschlafen immer gerne an sie. Im Jugoslawienurlaub mit meinen Eltern verliebte ich mich auch in eine vollbusige wildfremde Frau und nach zwei Flaschen Rotwein und der Zerstörung der Toilette im Hotelzimmer schrie ich, ich liebe dich. Ich war hoffnungslos verliebt. Sie war Engländerin und hatte schwarze Augen und Haare.

Sie hatte Kulleraugen wie eine Barbiepuppe und ihr englischer Akzent und ihre helle, total lustige Stimme brachten mich um den Verstand. Sie sah aus wie Kate Bush – jedenfalls hatte sie eine starke Ähnlichkeit mit ihr.

Wir spielten Squash, gingen was essen und sprachen über Gott und die Welt, aber außer einem Küsschen sprang für mich nichts dabei raus. Wir lachten viel und mir war egal, was wir taten. Hauptsache, ich konnte sie sehen, aber natürlich war ich sehr traurig, dass es einfach nicht mehr wurde.

So schnell wie sie in mein Leben gekommen war, so schnell war sie auch wieder weg.

Ich war am Boden zerstört und verfluchte die Welt.

Ich habe einfach kein Glück oder ich bin wieder mal an allem schuld oder der Herr Gott will mich bestrafen. Natürlich wussten die Kollegen, was los war, was ein weiterer Grund war, warum ich die Stelle wechseln wollte.

Ich habe dann auch meinen ersten Single-Urlaub gebucht und bin im Sommer nach Fuerteventura geflogen, um alles irgendwie zu vergessen. Ich stieg aus dem Flieger aus, aber mein Kopf war noch immer bei ihr, dann legte ich mich in die Sonne und verbrannte mich.

Schon als ich auf das Zimmer kam, war mein Körper feuerrot.

Jetzt ging es nicht mehr um die Frau, jetzt ging es erst mal ums Überleben. Ich hatte einen Aufenthalt für eine Woche gebucht. Es waren so kleine weiße Häuschen, die so nebeneinanderstanden.

Die ersten drei Tage verbrachte ich nur in dem Häuschen, machte alle Handtücher feucht, die ich finden konnte, und legte sie auf meine Wunden. Ich ging nicht in die Sonne, nicht mal zum Frühstücken, und holte mir höchstens Wasserflaschen, damit ich nicht verdurstete. Ich weinte zwar immer noch um Alison, aber stöhnte auch wegen der Schmerzen. Abends hörte ich dann im Nachbarshäuschen oder vielleicht draußen jemanden sagen, da wohnt ein netter Typ, aber der kommt ja nie raus; sollen wir ihn fragen, ob er in die Disco und in die Kneipe oder die Bar des Areals mitkommen will.

Am vierten Tag ging es mir dann etwas besser. Ich ging zum Frühstück und legte mich auch mit drei Badetüchern an den Strand, schmierte mich aber ständig ein und legte die Handtücher auf die extrem roten Stellen.

Ins Meer bin ich den ganzen Urlaub über nie gegangen, nur an ein paar Tagen in den Pool. Am vierten Abend ging ich auch zum Essen, saß allein am Tisch, litt immer noch unter Schmerzen und ging dann wieder in mein Häuschen. Nun konnte ich ja wieder weinen.

Am fünften Abend setzten sich Leute zu mir und es kam zu einem gewöhnlichen Gespräch, nach dem ich mich dazu entschloss, doch mal in die Bar zu gehen.

Hallo, da ist er ja, hörte ich die Damen und Mädels sagen.

Man muss wissen, dass das die Zeit meiner leichten Bauchmuskeln war.

Der Liebeskummer und Sonnenbrand taten auch ihren Teil und ich war echt hübsch mit meinem braun gebrannten Gesicht und Armen, die nicht so dunkelbraun, sondern leuchtend braun waren. Außerdem sah ich immer noch ein paar Jahre jünger aus, als ich eigentlich war.

Ich wurde an diesem Abend von drei Frauen abgeknutscht, von zweien verführt, bezahlte kein einziges Getränk und machte am nächsten Tag mit einer Gruppe Damen einen Strandspaziergang.

Ich dachte mir, nicht schlecht, das sollte man wiederholen, und bin nach Hause geflogen.

Ich weiß beim besten Willen nicht wann genau, aber relativ zeitnah nach meiner Rückkehr aus dem Urlaub erhielt ich einen Brief aus England von der Kollegin in die ich mich so verkuckt hatte.

Hi, liebe Grüße aus London.

Ich musste Deutschland verlassen, weil ich dort nicht mehr sein kann. Mein Freund hat sich vor 6 Wochen umgebracht, weil ich mit ihm Schluss gemacht habe.

Es war ein langer ausführlicher Brief voller Schmerz und Tränen.

Am Ende des Briefes standen noch eine Telefonnummer und die Frage, ob ich nicht mal Lust hätte, sie zu besuchen.

Sie wohnte bei ihrem Cousin und hatte eine schöne Bleibe, ein typisch englisches Landhaus. Ich war mit einer überraschenden Krankheit dreimal in London auf Urlaub, insgesamt so 12 Wochen.

Beim letzten Mal nahm ich meinen damaligen Freund und heutigen Schwager mit. Wir guckten uns London an und verbrachten jeden Abend mit ihr.

Die ersten zwei Mal, die ich sie besuchte, versuchten wir, uns anzunähern, aber sie trug ihren Freund, der noch nicht lange tot war, im Herzen. Außerdem war da die Entfernung und wir hatten beide irgendwie das Gefühl, dass es besser wäre, die Dinge so zu belassen, wie sie waren und sind. Wir waren eigentlich beide sehr traurige Gestalten.

Ich habe nach der Verabschiedung von Alison nach meinem letzten Besuch am Flughafen und im Flugzeug auf der Rückreise trotzdem geweint, so wie vielleicht überhaupt noch nie in meinem Leben. Mir wurde bewusst, dass ich sie nie wieder sehen würde.

Das Weinen hörte einfach nicht auf. Eine Studentin fragte meinen Freund, was ich denn habe. Er erklärte es ihr und plötzlich hatte ich ein wildfremdes Mädchen neben mir sitzen, das mich trösten wollte.

Während ich das hier schreibe, weine ich. Das Leben ist grausam, aber auch schön. Ach, ich hatte mir fast schon selbst eine Art Spruch für mich ausgedacht. Solange ich weinen und lieben kann, auch wenn ich nicht geliebt werde, lebe ich, und das Leben ist nicht sinnlos.

Dieses Gedicht habe ich irgendwann später geschrieben und ich werde Alison mein ganzes Leben lang nicht vergessen bis zu meinem Tod.

Anfang der Vergeblichen Liebe – Alison

Man geht durch die Zeit,
man geht durch die Straßen,
man geht durch die Welt,
und dann stand sie da.
Ihr Lächeln, ihre strahlenden schwarzen Augen,
ich sehe sie immer noch.
Ich weiß nicht, ob sie noch lebt,
ob es ihr gut geht.
Wir wollten uns und dann wieder nicht,
der Weg war zu weit, die Brücke zu lang,
ihr Leben war in einem anderen Land.
Ich würde sie so gerne wieder sehen,
hoffe einfach nur, sie ist glücklich
und es wäre so schön,
könnte sie mich jetzt verstehen.
Nein, nicht meine Stimme,
die Sprache des Herzens,
das wie durch Geisterhand zu ihr schwebt
und ihr ins Ohr flüstert, ich denk an dich
und ich habe dich gern.
Vielleicht sehen wir jetzt gerade denselben Stern,
vielleicht sind wir uns doch nah und nicht fern,
vielleicht sieht man all die Seelen,
die man geliebt hat nach dem Tod,
und ist vereint und es gibt nur Liebe und keinen Schmerz
und niemals blutet uns mehr das Herz.

Die neue Abteilung

Aus dem Maschinensaal war ich nun raus, die Schichtarbeit passé, Ich landete nun in der Arbeitsvorbereitung.

Um Gottes willen, wo bin ich da gelandet?

Sechs Frauen auf einem Haufen, ein männlicher Vorgesetzter, oder war er doch eine Frau? Der ließ sich einschließlich von mir auf der Nase rumtanzen und hatte keine Ahnung, was seine Leute eigentlich trieben, und ein Amerikaner, dem wurde ich gegenübergesetzt.

Der war so um die 55 Jahre alt, ich damals 26.

Es war wieder eine leichte Arbeit. Es wurde viel geratscht, Sekt getrunken und es war dann irgendwie meine Jonny Zeit.

Aus irgendwelchen Gründen wurde ich dann Jonny genannt.

Eine Diät war mal wieder erfolgreicher und nun lief ich gerne mit schwarzer Jeans und schwarzem T-Shirt oder Pullover rum. Auch meine Haare wurden immer dunkler. Den Damen in der Abteilung gefiel es und mir gefiel es auch. Sie waren lauter nette Menschen. und ich integrierte mich gut und half allen, wenn sie mich brauchten.

Der Amerikaner, mit dem ich mich über Gott und die Welt unterhielt, war kurz mal sehr wütend auf mich und das kam so:

Er ging auf Urlaub und musste täglich einen Job für eine bestimmte Aufgabe starten. Er kontrollierte dann immer das Protokoll des Jobs und legte es in den Schränken ab.

Er konnte das Protokoll gar nicht lesen, sondern hatte immer nur drei Zeilen gesucht, die, wenn sie drin standen, bestätigten, dass der Ablauf korrekt war. Ich änderte den Prozess, sodass das Papier nicht mehr erstellt wurde und Schränke voll Massenpapierkram wurden entsorgt. Ich konnte das nicht tun, solange er im Büro war. Er kam also aus dem Urlaub zurück, sah seine Schränke und fragte, was ich getan hätte. Er hörte mir dann gar nicht zu, sondern lief zum Rechenzentrumsleiter, einem ehemaligen Lkw-Fahrer, der groß, laut, schlau und lustig war.

Freitags gab es keine Weißwürste mehr, sondern Sektchen und Damenhäppchen.

Ich musste also zum Rapport. Ich rechnete schon mit der Entlassung.

Ich hatte schon was geahnt und erklärte die Sache schriftlich und mündlich im Beisein des Amerikaners. Er drückte mir die Hand und sagte, toll gemacht. Eine Papiersparmaßnahme in den 90er-Jahren.

Ich habe mich alsbald wieder mit dem Amerikaner vertragen und er lud mich auch zum Essen ein.

Ich wurde auch mal an andere Rechenzentren verliehen und arbeitete dann zwei Tage dort und drei Tage in meiner Abteilung und war einigermaßen angesehen.

Ich spielte noch ein bisschen Fußball, aber nur in der zweiten Mannschaft und in der Betriebsmannschaft. Ab und zu ging ich am Wochenende noch auf die Rennbahn, aber eine wirkliche Freundin, mit der ich mir was vorstellen konnte, fand ich nicht.

In der Arbeit war ich unterfordert und im Privatleben auch.

Also entschloss ich mich, das Abendgymnasium zu besuchen, um mein Abitur nachzuholen.

Die Erwachsenenschule

Ich hätte zwei Jahre durchhalten müssen, aber aufgrund von Umständen, die ich noch erläutern werde, war das kaum möglich.

Ich fuhr also fünfmal die Woche nach der Arbeit von Sendling nach Giesing. Der Unterricht ging von 19:00 Uhr bis 22:00 Uhr, nur am Freitag war um 21:00 Uhr Schluss.

Ich wohnte auf dem Land und war dann erst um 23:00 Uhr zu Hause. Da die Arbeit nicht so anstrengend war, konnte ich ein wenig in der Arbeit lernen.

Ich war echt motiviert, die Mitschüler waren total nett und es war schon eine richtige Gemeinschaft.

Die Lehrer waren durch die Bank gechillt und super-freundlich.

Ich hatte mich für den sprachlichen Zweig entschieden und hatte Unterricht in Englisch, Französisch und Italienisch als Nebenfach (2 Stunden die Woche), Chemie war, Gott sei Dank, nicht dabei.

Ich war mit meinen 28 Jahren der Zweitälteste, sah aber immer noch wie maximal 25 aus.

Ich hatte so gut wie keine Barthaare und keine Körperbehaarung. Die ersten Bauchhaare bekam ich erst mit über 35.

Es lief super. Ich bekam in keinem einzigen Fach etwas Schlechteres als eine Zwei, eher was Besseres, und schrieb sogar in Physik zwei Einser. Ich hatte auf einmal auch einen Freund, einen vollbärtigen Schwaben, der lange in Brüssel bei der UNO gearbeitet hatte und der für sein berufliches Fortkommen das Abitur brauchte. Wir gingen ab und zu gemeinsam ins Fitnessstudio und auch in die Kneipe. Er war ein sehr kommunikativer Typ und schleppte immer wieder mal Mädels an, mit denen er mich verkuppeln wollte. Es war keine dabei, die ich wollte, aber sicher auch einige, die mich nicht wollten.

Ich kann schon sagen, ich war mit Abstand der beste männliche Schüler, und ich wurde schon wieder Klassensprecher. Ich war gut drauf und lustig und fühlte mich sehr wohl.

Ein Mädel fuhr ich ab und zu nach Hause. Sie kam öffentlich und ihre Wohnung lag auf meinem Heimweg. Sie fragte schon auch mal, ob ich mit hochkommen wollte, aber sie war nicht mein Typ und etwas anzufangen, von dem ich nicht überzeugt war, das ging jetzt gar nicht, da ich ja das Abitur machen wollte.

Eines Tages im Deutschunterricht saß die Ausnahme plötzlich neben mir. Sie war bestimmt etwas größer als ich, wobei sie höhere Schuhe trug, also dann doch kleiner.

Wir sollten gerade etwas aus einem Theaterstück lesen.

Ich: „Wieso sitzt du hier?" Sie: „Hier gefällt es mir besser und ich finde dich gut."

Wir haben dann die uns zugeteilten Rollen des Stückes gelesen. Ich habe natürlich wieder etwas übertrieben, aber ich wusste, es würde bei allen gut ankommen, und die Deutschlehrerin hat gegrinst. Sie verhaspelte sich leicht.

Sie war eine der schlechteren Schülerinnen, aber wie man sich vorstellen kann, war mir das egal. Für diese Frau, denn sie war kein Mädel, gab es nur ein Wort, Vollweib. Am nächsten Abend saß sie wieder bei mir und legte ihre Hand auf meinen linken Oberschenkel. Wir gingen dann nach der Schule zu einem Griechen, den sie kannte, und lernten uns besser kennen. Sie war zwar ein Vollweib, aber auch ein total lieber offener Mensch. Wir gingen dann fast jeden Tag nach der Schule zum Griechen und tanzten Sirtaki und lernten zusammen bei mir in der Wohnung, zumindest versuchten wir es.

Dank dieser Frau kam ich doch tatsächlich mal ins P1 rein und auch ins Parkcafé in München, denn man kannte sie dort.

Sie arbeitete für die Zeitschrift „Hustler" als Sexualberaterin, oder zumindest war sie das Gesicht, denn die Antworten schrieb sie nie selbst. Sie hat mich sogar mal zu einem Fotoshooting mitgenommen.

Sachen erlebte ich, unglaublich. Ich verliebte mich, Gott sei Dank, nicht voll und ganz, weil ich schon wusste, dass das auf Dauer nichts werden konnte. Es war eine kurze Episode. Sie hat mich später dann mal angerufen und gesagt, Sie sei jetzt mit einem dunkelhäutigen Sänger zusammen, der im P1(damals bekannteste Diskothek in München) aufgetreten ist, und dass sie mich aber trotzdem unheimlich gern habe, und dann hat sie gefragt, ob wir uns wiedersehen könnten. Mein Gefühl sagte mir. Keine gute Idee.

In diesen Kreisen lief das irgendwie anders. Die Schule hatte sie schon vorher abgebrochen.

Das erste Jahr im Abendgymnasium lief toll. Es gab jedoch in der Firma dramatische Veränderungen.

Die Abteilung, in der ich zuletzt gearbeitet hatte, wurde aufgelöst und auch die Abteilung, in der ich ausgeholfen hatte, wurde bzw. sollte aufgelöst werden. Es wurden einige Mitarbeiter abgefunden und andere wurden mit sehr viel Geld in Altersteilzeit geschickt.

Ich war ja erst 27 Jahre alt und es war bekannt, dass ich ins Abendgymnasium ging. Ich wurde in eine andere Abteilung versetzt und mir wurde mehr oder weniger gesagt, dass ich der Einzige war, in dem sie Potenzial sahen und den sie behalten wollten. Ich bekam auf Anhieb wieder eine Gehaltserhöhung und musste vollkommen neue Dinge lernen, die weitaus anspruchsvoller waren als meine bisherigen Aufgaben. Ich musste also nun alles Mögliche lernen, einige Wochenkurse in München belegen und abends noch ins Abendgymnasium gehen. Zudem wurde ich krank und hatte böse Hämorriden am After, wegen denen ich operiert werden musste.

Mein neuer Chef war stolz wie Bolle, dass er einen Mitarbeiter hatte, der auch nach dem ersten Jahr Abendgymnasium noch gute Noten hatte.

Ich hielt ihn für einen Vollidioten, der nichts konnte, und alsbald wurde ein Kollege von mir, der ein abgeschlossenes Studium hatte, sein Nachfolger.

Mit der Zeit fand ich mich zurecht. In unserer Abteilung automatisierten wir Arbeitsprozesse und mussten Rechnungszentren in Deutschland auflösen. Nach eineinhalb Jahren war ich dann so weit, dass ich allein in Deutschland herumfuhr und die Prozesse einleiten konnte.

Wir machten auch ganze Abteilungen in München platt. Schön war es nicht, die traurigen Menschen zu sehen, die nach Hause geschickt oder versetzt wurden.

Zudem kamen auch die ersten halbwegs richtigen PCs in die Firmen und natürlich haben wir auch Tetris, Golf und so weiter auf den Rechnern gespielt. Ich bekam auch mal eine Abmahnung, weil ich einen bestimmten Arbeitsprozess für einen solchen Unsinn hielt, dass ich mich weigerte, ihn durchzuführen.

So nach eineinhalb Jahren verließ ich schweren Herzens das Abendgymnasium. Ich verdiente mittlerweile sehr vernünftig und meine Idee, zu studieren und Sozialpädagoge zu werden, fand ich nicht mehr so gut, als ich hörte, was man da verdiente. Ich fuhr dann trotzdem mit auf die Studienreise des Abendgymnasiums nach Rom, die der Italienischlehrer organisiert hatte.

Der Lehrer ärgerte sich sehr, indem ich, wenn es was zu lesen gab, im Adriano Celentano-Stil vorlas. In Rom lernte ich eine Mitschülerin näher kennen. Sie war gehbehindert und konnte nur sehr schwer mit Krücken gehen. Ich habe sie fast allein durch Rom in ihrem Rollstuhl geschoben.

Eine andere Mitschülerin hatte sich in mich verliebt, hat in Rom in der Unterkunft geweint und ich habe überhaupt nichts davon mit- bekommen. Ihr Bruder, der auch auf der Reise dabei war, hat es mir erzählt und ich habe nichts davon mitbekommen. Seltsam, diese Welt. Auch das behinderte Mädchen verliebte sich in mich und wollte ohne Verpflichtungen Sex mit mir haben. Ich wollte das aber nicht und ich wollte auch keine Beziehung mit ihr eingehen. Auf freundschaftlicher Basis wollte ich den Kontakt eigentlich schon aufrechthalten. Selbst meine Eltern haben sie mal kennengelernt. Diese Frau hat mir Schimpfwörter hinterhergeschmissen, als ich bei ihr zum letzten Mal zu Hause beim Essen war unglaublich und nicht aussprechbar. Ich hatte wieder was gelernt.

Ach ja übrigens, mein späterer Schwager war in dieser Abteilung auch mein Kollege und wir saßen zeitweise im gleichen Zimmer.

Nun hatte ich auch wieder ein bisschen Zeit für andere Dinge.

Ich spielte wieder Fußball im Verein, ging aus, besuchte aus Spaß einen Spanischsprachkurs, und ich musste tanzen lernen, was ich als sehr wichtig empfand. Noch immer war ich frauenlos, na ja, so halb zumindest.

Ich ging also in die Tanzschule und wurde einer netten Frau zugeteilt. Wir gingen auch mal ins Kino oder was essen und ich war auch mal bei ihr zu Hause und sie bekochte mich.

Es war eine Tanzfreundschaft mit ein paar Gefühlen auf meiner Seite. Während der letzten Tanzstunde sagte sie, sie würde gerne mit ihrem Freund, den sie vorher nie mit auch nur einem Wort erwähnt hatte, auf den Abschlussball gehen. Da war ich dann doch sehr enttäuscht und habe mal wieder geweint. Im Vergleich zu meinen früheren Tränen war das aber gar nichts, doch es sollten noch viele, viele folgen.

Zur gleichen Zeit fing bei uns in der Abteilung eine Werkstudentin an.

Sie war 10 Jahre jünger als ich und wollte mich warum auch immer unbedingt haben. Ich ließ mich für etwa vier Monate darauf ein. Diese Frau hatte Power. Sie wohnte in einer etwas schmuddeligen WG mit lauter anderen jungen Leuten und ich wusste schon beim ersten Treffen mit ihren Freunden, dass ich in einer anderen Welt lebte. Unser Verhältnis zog sich ein bisschen hin, denn ich wollte halt nicht allein sein und auch das andere nicht missen. Nach einem wirklich friedlichen Gespräch haben wir das dann aber beendet. Ich ging auf die 30 zu. Zu meinem Geburtstag lud ich meine Eltern, meine Schwester, meinen Schwager und die Kinder zum Griechen ein und danach ging ich zum ersten Mal allein in eine Kneipe und besoff mich. Viele meiner Fußballfreunde waren verheiratet und manche hielten mich sicher für schwul, weil ich genügend Gelegenheiten, bei denen sie dabei waren, nicht wahrnahm.

Ich hatte immer noch Kontakt zu meinem Zockerfreund, der nun aber mehr mit Aktien am neuen Markt machte.

Ich möchte gar nicht so viel darüber erzählen. Es hat mich letztendlich 30.000 D-Mark und meine Eltern 20.000 D-Mark Mark gekostet.

Man kann sich vorstellen, was meine Eltern davon hielten und wie sie mich sahen und sehen.

Ich habe abends noch PCs für eine kleinere Firma zusammengebaut, weil ich schon damals nach PCs und große Fernseher faszinierten sowie Lautsprecher und Stereoanlagen. Ich hörte viel nicht so gängige Musik, so wie heute auch noch. Mein Musikgeschmack geht immer noch in die Richtung schwarzer Blues. Natürlich habe ich aber auch eine komplette Beatles-Plattensammlung gehabt. Ich hörte überhaupt sehr viel Musik und kaufte mir dann immer nur CDs mit Texten, damit ich mitsingen konnte. Es gab Zeiten, in denen konnte ich auch sehr viel auswendig singen.

Gewusst hat eigentlich keiner davon. Ich brauchte auch eine größere Wohnung, allein schon wegen des Fernsehers, der Stereoanlage und des PCs, außerdem wollte ich eine vernünftige Küche und ein großes Schlafzimmer mit Doppelbett haben. Ich war jetzt ja schließlich über 30 und wer wusste schon, wer noch so alles an meine Tür klopfen würde.

Ich bezog eine Wohnung in einer Neubauanlage, die in der Nähe meiner Eltern lag, was aber eher ein Zufall war.

Ich hatte im Waschraum dann auch eine eigene Waschmaschine und meine Großmutter brachte mir das Bügeln bei.

Trotzdem brachte ich meinen Wäschekorb manchmal nach Hause – ich will ehrlich sein.

Zu der Zeit verkaufte ich auch meinen weißen Golf und bekam von meinem Vater seine Honda-Limousine, weil er sich einen Audi kaufen wollte.

In der Tiefgarage habe ich einmal böse meinen Honda zerlegt und mir selbst durch Fahrunvermögen einen Schaden von 2.500 Deutsche Mark zugefügt.

Ich war noch so halb frauenlos, meine Geldverluste konnte ich mit Aktienaktien zumindest halbieren und mein monatlicher Nettoverdienst war gar nicht so schlecht.

Auf tolle Autos oder tolle Urlaube legte ich keinen großen Wert. Mir war es aber immer noch wichtig, von meinen Eltern anerkannt zu werden was ich nie schaffte – und von Menschen geliebt und gemocht zu werden, auch um zu überleben.

Mit 33 Jahren flog ich wieder nach Fuerteventura für 14 Tage.

Mit der Sonne habe ich aufgepasst und ich hatte schon vorher Vitamin-E- und Carotin-Tabletten und andere Vitamine geschluckt. Tatsächlich kam ich braun gebrannt und ohne Schaden zurück, außerdem lernte ich während des Urlaubs eine hübsche Blondine kennen.

Das Hotel bot einen separaten großen Tisch für Singles an und ich setzte mich dort hin. Ich merkte schnell, dass da schon ein paar Stammgäste saßen, die sich offensichtlich bereits kannten. Ich kam eigentlich schnell mit allen ins Gespräch. Wir frühstückten gemeinsam und aßen gemeinsam zu Abend. Es gab einen Fitnessraum, einen Tennisplatz und auch morgendliches Training.

Ich bin jeden Morgen 10 Kilometer gelaufen und habe währenddessen schon einiges gesehen (grins).

Der Strand war in einen Bereich für normale Besucher und FKK-Gäste unterteilt. Die Blondine war eine FKK-Anhängerin.

Schon am zweiten Abend sagte sie zu mir, ich solle sie doch mal am Strand besuchen kommen. Ich war aber kein FKK-Anhänger, worauf sie sagte, macht doch nix, da gehen auch andere hin.

Okay, also das musste ich machen, keine Frage. Zu den blonden Haaren kamen noch strahlend tolle blaue Augen, eine fabelhafte Figur, Sie war mir total sympathisch und war eine Schweizerin.

Egal, ich musste in den FKK – Bereich und mit Gemeinschaftssaunabesuchen nach dem Squash, Tennis oder Badminton konnte ich eigentlich auch ganz gut umgehen, deswegen dachte ich, kein Problem.

Ich latschte also die Strecke durch den extrem heißen Sand. Wir hatten eine Uhrzeit ausgemacht, zu der ich kommen würde. Sie winkte mir schon von Weitem in voller Pracht. Das konnte ja heiter werden. Ich legte mich erst mal auf ein Handtuch neben ihr ganzes Gebäude. Sie hatte so ein Strandzelt mit Windschutz aufgebaut. Auf Fuerte konnte es auch im Hochsommer sehr windig sein.

Ich lag also da und musste erst mal eine bestimmte Sache abbauen, da sagte sie, „komm doch herein und leg dich neben mich". Der Abbau war schon wieder problematisch.

Also gut, ich legte mich also ins Gebäude, zog meine Hose aus und sie half mir, wo es ging, das Problem zu beseitigen.

Ich hätte das jetzt auch anders formulieren können, aber …

Das wurde für die nächsten drei oder vier Jahre eine Freundschaft, Fernbeziehung plus oder irgendwas dazwischen. Sie war mal für eine Woche in München und ich mal in der Schweiz, ansonsten machten wir jedes Jahr den gleichen Badeurlaub gemeinsam. Sie hatte in Bern eine Anstellung und arbeitete mit schwer erziehbaren, kranken Kindern. Es war seltsamerweise eine Privatschule.

Sie war auf alle Fälle glücklich im Beruf und ging mit ihrem Körper sehr bewusst um. Sie aß kein Fleisch und generell relativ wenig, und sie trank zweimal die Woche ihren eigenen Urin. Das sollte angeblich sehr gesund sein.

Meine Eltern wussten von all dem nichts. Es war nie wirklich angedacht, dass wir unser Leben gemeinsam verbringen, und wir haben es dann in aller Freundschaft beendet und uns aus den Augen verloren.

Ich spielte weiterhin Fußball, mittlerweile in der Alt-Herrenmannschaft und auch noch in der Betriebsmannschaft. Da spielten so gute Fußballer, dass wir das Turnier jedes Jahr gewannen.

Ich spielte in der Betriebsmannschaft auch viel besser als im Verein.

Ich im Verein durch meine unterschiedlichen fussballerischen Leistungen auch verbrannt.

Meine Abteilung wurde an einen anderen Standort verlegt und ich hatte einen viel weiteren Weg zu meinem Arbeitsplatz. Das hat mich brutal genervt. Dass ich das Abendgymnasium geschmissen hatte und einen Eintrag in der Personalakte hatte, tat das Übrige.

Ich fühlte mich nicht mehr wohl in der Abteilung und die Arbeit wurde mir auch zu eintönig, immer derselbe Quatsch.

Der Mittelläufer unserer Betriebsfußballmannschaft wusste, dass ich aktuell nicht ganz happy war, und sagte, sie suchen bei Siemens Unterschleißheim noch Mitarbeiter in der SAP-Basis.

(IT-Mitarbeiter für das Betriebssystem von SAP. Ich wusste nicht mal, was das war, aber ich sagte, ja gerne. Er war der Chef dieser Abteilung, hatte aber natürlich keine Entscheidungsgewalt, die hatte der SAP-Gesamtleiter.

Er machte für mich also einen Termin beim Leiter aller SAP-Teams aus, der ein hagerer Mann aus Kiel mit wenigen grauen Haaren war. Ich musste keinen Lebenslauf herzeigen, da es ja eine interne Bewerbung war und er sich sicherlich meine Akte durchgelesen hatte.

Er fragte mich, können Sie Englisch in Wort und Schrift? Ich sagte, klar.

Er, haben Sie noch was vor im Leben? Ich, viel.

Der Basisleiter hatte mich vorbereitet, quatsch nicht so viel; das mag er nicht. Wer mich kannte, wusste, dass mir das sehr schwerfiel.

Trauen Sie sich die Arbeit zu und wurden sie schon informiert.? Ich, ja?

Ich hatte die Stelle und einen Monat später konnte ich wechseln. Wir hatten auch ausgemacht, dass ich nach einem halben Jahr in die nächst höhere Gehaltsstufe aufsteigen würde.

Es war echt Glück, in die Zukunftssoftware SAP (Betriebssoftware für Unternehmen). einzusteigen und einen Vorgesetzten, den ich kannte, zu haben. Meinem ersten Eindruck nach waren die neuen Arbeitskollegen etwas seltsam, aber nett und hilfsbereit.

Nun musste ich nur noch alles kapieren, lernen und verstehen.

Ich besuchte Fortbildungskurse bei SAP in Walldorf, lebte mich gut ein und fühlte mich vom ersten Tag an sicher und einigermaßen gut aufgehoben. Was mir fehlte, war noch immer eine feste Freundin, eine Lebensgefährtin, die wirklich zu mir passte. Das Thema Kinder war fast vorüber und das Schicksal hielt für mich noch viele Prüfungen bereit und tut es wohl leider auch noch immer hoffentlich aber nicht in Bezug auf meine Frau.

Nach kleinen Liebeleien stand ich zum Jahreswechsel 2000 an einem Glühweinstand mit meinen Eltern zusammen. Wenn sich ab Januar nicht ernsthaft etwas änderte, dann wusste ich nicht, was ich tun würde.

Man muss dazu sagen, ich hatte Mitte Dezember eine Annonce in Gedichtform aufgegeben und die kam so gut an, dass ich ab Mitte Januar nach den Feiertagen bereits sechs Treffen in der Tasche hatte.

Davon wussten meine Eltern natürlich nichts. Sie dachten, ich würde mich umbringen.

Kapitel 7

Frauen, Frauen, Frauen der erste kleine Run

Ich hatte natürlich null Erfahrung damit, wie so was ablief, wie man in Kontakt kam und worüber man redete.

Es war tatsächlich so, dass ich fast bei der schriftlichen Gedichttaktik blieb. Ich gab da noch ein bisschen was preis, und wenn ich jemanden am Telefon hatte, war es relativ einfach.

Es war nicht mehr allzu schwer, mir viel schon irgendein Unsinn ein, außerdem habe ich generell Humor, kann lustig sein und habe auch am Telefon eine vernünftige Stimme. Ich hatte also mit allen sechs Damen ein Date.

Das war aber natürlich schon ein anderes Ding, da ging mir dann doch ein wenig die Düse.

Ich kenne sicher noch ein paar Namen der Frauen, denn beim kleinen Run waren es ja nicht so viele, deshalb erlaube ich mir, sie mit einem kleinen Zusatz auseinanderzuhalten.

Die Babyfrau

Mit der Babyfrau war ich so gegen 19:00 Uhr zu einem Treffen an der Münchner Freiheit verabredet und sah von Weitem eine Frau mit Kinderwagen, die über die Straße wollte. Ich half ihr und dachte in tausend Jahren nicht daran, dass das mein Date sein könnte. Ich stand also vor der Frau, die beim größten Sauwetter mit dem Kinderwagen vor der Eingangstür stand. Sie zog ihr Erkennungszeichen aus dem Kinderwagen heraus. Wir gingen dann rein, wo ich einen Tisch für zwei reserviert hatte. In dieser Wirtschaft war es aber so beengt, dass eigentlich kein

Kinderwagen mehr reinpasste. Wir aßen irgendetwas und diese mittelprächtig aussehende Frau redete unentwegt. Ich, der ich ja als Quatsche geboren wurde, sprach kein einziges Wort. Wie alt das Kind war, wer der Vater war, welchen Beruf dieser Vater hatte (Arzt), warum sie ihm nach München gefolgt war, dass sie noch auf Wohnungssuche war, … Ich stellte der Höflichkeit halber irgendeine Frage oder Nachfrage. Ich weiß nicht mehr, welche.

Wir waren schnell fertig und das Baby musste raus aus dem Lokal. Es gab ja damals auch noch kein Rauchverbot.

Als wir draußen waren, schüttete es wie Bolle. Ich sagte dann nicht mal mehr Tschüss, sondern lief zur Straßenbahn, nicht um nicht nass zu werden, sondern um zu flüchten, um ja ihre Stimme nicht mehr hören zu müssen, oder ihren Hilfeschrei, dass sie im Nassen mit dem Kinderwagen sei. Ich würde so was nie machen, jemandem in so einer Situation nicht zu helfen. Aber es war ein Notfall und der betraf mich.

Da bin ich mir selbst doch der Nächste.

Es war wirklich so. Das kann man eigentlich gar nicht glauben, war das jetzt aus „Mr. Bean" oder der „Muppet Show"?

Die Schäferhundfrau

Die Schäferhundfrau traf ich im Münchner Osten bei einem Friedhof, von dem aus wir losgingen. Tiere mochte ich ja und vor Hunden hatte ich keine Angst. Der Schäferhund war ein Rüde und schon recht groß, aber friedlich. Sie sah gut aus, hatte blonde Haare (ein bisschen zerzaust) und für die Jahreszeit ein sehr braunes Gesicht.

Wir haben über alles Mögliche gequatscht und sie wollte mich dann auch wiedersehen. Ich sie vielleicht auch, aber wenn dann nur aus einem Grund, welchen kann man sich ja denken. Als eine Lebenspartnerin konnte ich sie mir gar nicht vorstellen, vielleicht dachte sie ja genauso.

Ich traf sie noch zweimal. Beim zweiten Treffen wieder mit dem Hund, um spazieren zu gehen. Bei unserem dritten Treffen

war ich schön braun, weil ich für zehn Tage mit meiner Großmutter auf den Kanaren gewesen war, was ich mich ja fast nicht
sagen traute.

Auf alle Fälle gefiel ich ihr um Klassen besser. Wir gingen
zu einem Italiener. Ich hatte sie davor zu Hause abgeholt und
brachte sie wieder zurück.

Mir fiel erst da so richtig auf, wie schmuddelig ihre Budde
war, sehr viele Hundehaare, und als sie mir dann noch sagte,
dass der Hund neben ihr im Bett schläft, war es mit eventuel-
len Bedürfnissen endgültig vorbei. Sie wollte mich vernaschen
und nach dem Ausziehen des Jäckchens war schon was zu sehen.

Auf Wiederschauen, es wäre nur ein Treffen zum Ratschen
gewesen, sagte ich, ich sei schon liiert, und dann war ich auch
sehr schnell durch die Tür.

Die Grafikerin, schon verliebt

Schon nach dem Bild und dem Telefongespräch wusste ich, das
wird schwer. Sie hatte eine Firma, war selbstständig und sah
echt toll aus. Sie war nicht überheblich, sehr humorvoll, hatte
auch blonde Haare und erzählte von ihren Erlebnissen in Berlin zu Silvester.

Sie war auch Dozentin an der Uni-München.

Wir gingen auf ein Jazz-Festival und ich bekam auf ihrer
Couch einen Tee, dann sprang sie auf meinen Rücken und ritt
auf mir herum. Sie sagte, ich solle doch nicht so traurig sein,
warum das war ihr doch schon klar und mir ja auch. Ich hatte
mich einfach viel zu schnell verkuckt. Sie halt nicht.

Am nächsten Tag fuhr sie mit mir zu einem befreundeten
Pärchen und es war klar, ich wurde gemustert.

Es war ein schöner halber Tag. Sie sagte, wir könnten doch
Freunde bleiben und Schlittschuh laufen gehen und, und, und …

Ich konnte das nicht. Ich musste nach Hause, und zwar sofort. Dort weinte ich und brach dann jeglichen Kontakt zu ihr ab.

Später ging ich noch mal mit ihr und ihrer besten Freundin und meinem besten Freund essen was die Idee der Grafikerin war. Wie das zustande kam, weiß ich gar nicht mehr, oder doch, sie hatte mich da angerufen.

Den Grund habe ich dann schon erfahren sie wollte mich mit ihrer Freundin verkuppeln. Die war extrem lustig und ich war das bei so Dates ja auch.

Zwei weitere Dates waren nicht der Rede wert und ich würde es vorsichtig so beschreiben, falsche Angaben und ein falsches Bild.

Die Schlesierin

Mit dieser Frau war ich fast acht Jahre zusammen. Sie hat mich mit allen Tricks, die eine Frau so draufhat schönem Aussehen, Essen und Sex, verführt.

Doch hundertprozentig war ich nicht überzeugt, ob das passen würde, aber wir mochten uns und wir wollten auch beide einen Partner, auf den man sich im Leben verlassen konnte.

Im Nachhinein hier ins Detail zu gehen, wäre nicht richtig. Acht Jahre sind eine lange Zeit. Ich verbrachte Weihnachten gern mit ihrer polnischen Familie. Wir machten schöne Sommerurlaube und trafen in der Dominikanischen Republik auch ein nettes Pärchen, die bis heute unsere Freunde blieben. Wir hatten viele gemeinsame Freunde, eine schöne Dachterrassenwohnung und wir haben bestimmt sechs Jahre zusammen getanzt.

Als wir mit dem Umzug komplett fertig waren, fing sie zu weinen an, und ich wusste, sie liebt mich nicht wirklich, was ich ja auch nach der Trennung von ihrer Mutter erfuhr.

Ich hatte also mit fast 38 Jahren eine Frau an meiner Seite, die mich nicht liebte. Wir waren zwei arme Geschöpfe. Sie mochte mich und ich sie, aber nicht mehr wirklich.

Ich kam so nach acht Jahren aus einem Fortbildungskurs zurück und sie sagte, ihre Pferde stünden woanders.

Natürlich habe ich sehr geweint und mein Lebensmotto herangezogen, um zu überleben. Solange ich noch lieben kann auch wenn ich nicht geliebt werde, lebe ich noch.

Natürlich hat auch der Umzug raus aus der Großstadt wegen meiner Arbeitsortsveränderung sein Übriges getan und vielleicht die ganze Trennung beschleunigt, aber es kam letztendlich so, wie es kommen musste.

All das, was wir zusammen erlebt haben, möchte ich hier nicht beschreiben und es bringt auch nichts, wenn ich jetzt all meine Gefühle in Bezug auf die Situation preisgebe. Hoffentlich gab es aber auch Zeiten, in denen wir beide glücklich waren.

Ich hatte während unserer Beziehung wieder mit dem Laufen angefangen, einen Halbmarathon bestritten und habe trotz allem viel mit ihr gelacht und der Herr Gott hat mich nicht wirklich verlassen.

Kapitel 8

Die Arbeit bis zur Altersteilzeit

In der Arbeit lief es weiterhin gut für mich. Ich konnte meine Aufgaben erfüllen. Ich musste sehr viel lernen und Erfahrung sammeln.

Ich nahm an vielen Schulungen teil und konnte sehr gut frei reden.

Ich fuchste mich an das Meiste hinein und bald schon war ich ein vertrauenswürdiges Mitglied der Gruppe.

Privat war ich halbwegs stabil und auch wenn meine Beziehung nicht gut lief, profitierte ich auch sehr davon, dass ich zu Hause Hochdeutsch sprach.

Ich war für das Programmieren eigentlich viel zu ungeduldig.

Ich verstand zwar die meisten SAP-Codes, kannte auch die Techniken und konnte sie lesen, aber selbst komplexe Dinge zu programmieren, fiel mir sehr schwer. Im äußersten Notfall schaffte ich es dann schon.

Ich durfte auch mal nach England fahren, um Leuten bei der R2-Einführung zu helfen und ihnen manches zu erklären. Im Endeffekt war es so, dass wir rüber flogen, die offene Arbeit machten und nach Hause fuhren.

Die Engländer kamen immer zur Zeit des Oktoberfests und hatten schöne Alkoholfahnen auf die Kosten der Projekte. Ich hatte nichts dagegen, da ich ja auch mitdurfte. Ich erhielt mit der Zeit immer unterschiedlichere Aufgaben, beispielsweise führte ich SRM ein – ein Tool der SAP für Direktbestellungen bei Lieferanten. Ich verdiente immer mehr und konnte einiges sparen, ohne ein Risiko einzugehen. Ich könnte jetzt mindestens zwanzig Sachen aufzählen, an denen ich mitgearbeitet habe oder bei denen ich als IT-Projektleiter fungierte oder was ich mir alles angeeignet habe.

Das Wichtigste aber war, es gab unter den Kollegen immer einen guten Zusammenhalt, und ich konnte vielen jungen Menschen etwas beibringen. Ich kann schon behaupten, dass mich viele Kollegen mochten, und ich konnte mich auch gut verstellen, wenn es mir mal schlecht ging. Wenn ich das mal nicht konnte, war es auch nicht so schlimm. Ich fühlte mich trotzdem angenommen.

Ich hatte trotz aller Schwierigkeiten und Umwege noch ein zufriedenstellendes Berufsleben Wurde mit siebenundreißig noch AT-ler (außeritariflich) bezahlt mit zusätzlichen Leistungen, was in dem Alter schon und gerade mit meinem schulischen Werdegang eher ungewöhnlich ist, verdiente gutes Geld und konnte mir schöne Autos und Urlaube leisten.

Ich hatte oft auch Angst, dass ich etwas gar nicht schaffen würde oder dass alles zu Ende wäre, wenn ich einen Fehler machte, aber irgendwie fand ich doch immer einen Weg, der weiterging. Wenn es mal ganz katastrophal war, habe ich gebetet, und es gab meist Leute, die mich nicht verurteilten, sondern mir halfen. Ich hatte einfach Glück oder vielleicht war ich doch nicht der komplette Versager, für den mich meine Eltern hielten und meine Mutter mich noch immer hält.

Ich bin jetzt seit 45 Jahren einschließlich meiner Altersteilzeit immer für die gleiche Firma tätig und erfülle viele verschiedene Aufgaben im IT-Bereich. Ich habe viele dieser Aufgaben gelöst, nicht weil ich sie liebte, sondern weil ich es musste, und ich habe sie auch fast immer gut gelöst, weil mich die Angst, einen Fehler zu begehen, antrieb.

Ich habe mich immer als ungeeignet für diese Arbeit angesehen und ich bin noch immer der Meinung, ich kann eigentlich nichts. Dass ich dafür, dass ich nichts konnte, auch noch ganz gut bezahlt wurde, ist das eigentliche Phänomen.

Mit 60 Jahren wollte ich aufhören, mit dieser Angst zu leben, und es klappte, denn ich konnte in Altersteilzeit gehen.

Trotzdem war ich mein ganzes Berufsleben über nicht sehr zufrieden mit meiner Leistung. Ich verfügte aber über eine soziale Intelligenz und Kompetenz und das reichte in der Regel aus, um voranzukommen und anerkannt zu werden.

Ich bin zwar mit um die 40 Jahren aus der Kirche ausgetreten, aber ein „Vaterunser" hat noch nie geschadet, und ich glaube auch heute immer noch an meinen Schutzengel. Für etwas gebetet habe ich eigentlich kaum. Ich habe mir gesagt, dass ich kein Recht habe, das zu tun.

Mein Kopf funktioniert zwar, aber aus körperlichen Zipperlein ist ein bisschen mehr geworden, auch coronabedingt.

Nach der Trennung von meiner langjährigen Partnerin erlitt ich mit etwa 46 Jahren eine Lungenembolie, aber der Herr Gott hatte noch einiges mit mir vor.

Diese Geschichte folgt jetzt gleich in all ihren Facetten.

Kapitel 9

Frauen, Frauen, Frauen, der ganz große Run und das glückliche Ende

Die Trennung

Meine Partnerin hatte also nun entschieden, mich endgültig zu verlassen. Ich schrie und weinte und nach ungefähr 72 Stunden brachte ich sie dazu, zuzugeben, dass sie sich in einen anderen Mann verliebt hatte und das schon vor zwei Monaten. Sie hatte sich mal mein Cabrio geliehen, um nach Bayreuth zu fahren und sich mit ihrer besten Freundin zu besprechen. Das war auch vor circa zwei Monaten gewesen.

Ich fragte sie, wie es nun weiterginge, aber sie hatte bereits mit ihrem neuen Mann einen Möbelwagen und einen Spezialtransport für ihr Klavier bestellt. Sie bat mich, doch bitte nächste Woche und eigentlich auch diese Woche Donnerstag und Freitag nicht da zu sein, damit sie ihre Sachen abholen lassen könne.

Wir hatten 2 Monate in der neuen Wohnung gewohnt. Ich hatte sogar einen Kredit aufgenommen, um die neuen Sachen zu bezahlen, die neue Küche, das neue Schlafzimmer mit großem Schrank, ein extra schmales Bett, weil sie gerne jede Nacht auf meinem Rücken schlafen wollte, und auch eine neue Couchgarnitur und ein Esszimmer. Ich hätte das auch so bezahlen können, aber sie wollte einen Kredit aufnehmen. Sie hinterließ mir auch noch ein paar bunte Wände, die der Maler zu streichen hatte. Der Flur war zum Beispiel dunkelrot.

Diese Wohnung war aber noch gemäßigter als die in München Die war ein buntes Farbenhaus einschließlich der Couchgarnitur, roten Sesseln und hellgrünen Lehnen – eben dieser polnisch-schlesische Geschmack.

Ein paar polnische Wörter lernte ich, aber das waren eigentlich in erster Linie Schimpfwörter.

Ich packte zwei Unterhosen, zwei T-Shirts und meine Zahnbürste ein und quartierte mich in meinem alten Kinderzimmer bei meinen Eltern im Haus ein. Mein Vater sagte, ich habe dir gleich gesagt, dass sie dich einmal verlassen wird, das habe ich immer gewusst. Man muss dazu sagen, dass meine Mutter keine einzige meiner Freundin je mochte und mein Vater nur meine aktuelle Ehefrau gernhatte.

Die Jagd nach der großen Liebe

In meinem alten Kinderzimmer gab es einen Computer. Ich habe mich bei einer Dating-Plattform angemeldet. Ich wollte Ruhe von meinen Eltern haben und habe nichts gegessen, sondern nur Wasser getrunken. Am zweiten Tag bin ich fast den ganzen Tag schwimmen gegangen und dritten Tag bin ich dann heimgefahren. Von dem Tag an bin ich jeden Tag 10 Kilometer gelaufen, habe mich hundertprozentig gut ernährt, 17 Kilogramm abgenommen ohne eine komplette Diät und habe abends auf der Plattform mit irgendwelchen Damen geratscht, manchmal dann auch am Telefon, dafür hatte ich ja ein Talent.

Es war die pure Seelsorge. Ich habe viel mehr zugehört, als selbst geredet, und desto mehr Probleme ich mir anhörte, umso klarer wurde mir, wie gut es mir doch eigentlich ging. Ich hatte mit 46 Jahren das Gewicht eines Dreißigjährigen, noch ordentlich Haare auf dem Kopf, und wenn man es ganz positiv sehen wollte, sah ich aus wie 40. Ich ging selbst zur Kosmetikerin und passte wieder in meinen Trachtenanzug. Ich ging also in meinem Trachtenanzug, einer frisch gekauften Stoffhose und einem neuen Sakko in ein Fotostudio in München und nicht im Dorf und ließ mich ablichten. Bart wuchs mir immer noch kein vernünftiger, aber ich war schon mal ganz gut auf die Frauenwelt vorbereitet. Ich konnte mich dank meiner langjährigen Partnerin gewählt auf Hochdeutsch ausdrücken und ich war auch des Wienerischen und Bayrischen mächtig. Außerdem konnte ich ja dichten und zur Not auch singen und hatte eine schön eingerichtete 115-Quadratmeter-Wohnung für mich allein mit Lautsprecheranlage, einer bequemen Couch, einem aktuellen Top-Fernseher mit allen möglichen Privatsendern über die SAT-Schüssel, einem netten Vermieter unter mir, der für mich auch ein Foto von meinem Nachfolger gemacht hat, und einem Mercedes SLK Cabrio vor der Tür. Mit meinem Vermieter, einem alten Herrn, bin ich gerne Rad gefahren und zusätzlich zahlte mir die Ex monatlich einen Betrag, um die Ratenzahlungen für die Einrichtung abzuzahlen. Ich hatte einen Sparvertrag, den ich auflöste, um den ganzen Kredit auf einen Schlag bei den Möbelhäusern zu tilgen.

Es gab aber noch was abzuwarten. Ich hatte eine kleine OP gehabt und es mussten noch Nähte gezogen werden und ich lernte auf die Schnelle Kochen. Aufläufe und zehn verschiedene Nudelgerichte waren natürlich am einfachsten Die Ex kochte ja fast ausschließlich Nudeln.

Schnitzel in Butterschmalz, Risotto, und noch mehr lernte ich auch. An einen Braten traute ich mich noch nicht heran – zugegeben bis heute nicht. Suppen hatte ich auch einige drauf und das Allerwichtigste, ich konnte bügeln und waschen und war reinlich und hatte eine Zugehfrau, die alle 14 Tage die Wohnung putzte. Ich kaufte mir auch noch ein schönes Fahrrad und ging alle drei Wochen zum Friseur. Zweimal die Woche spielte ich Badminton, denn dafür hatte ich Talent. Ski fahren konnte ich leider nicht sehr gut. Das habe ich dann auch wieder mal probiert und es vorerst doch mal sein lassen. Dies hat sich später noch mal geändert. Was musste ich noch tun, ach ja, eine Tanzpartnerin suchen. Ich wollte in der gleichen Tanzschule, in der ich mit der Ex getanzt hatte, weiter tanzen. Ich habe nicht mehr geweint, denn ich war beschäftigt. Als ich mal eines meiner ersten Dates hatte, bin ich vorher bei meinen Eltern vorbeigefahren und die waren baff. Sie hätten mich so schlank und fit das letzte Mal vor zwanzig Jahren gesehen. Ich war also bereit und habe die ersten zwei Dates ausgemacht. Einmal sollte ich nach dem Telefonat gleich am nächsten Freitagabend vorbeikommen. Die nächste Verabredung war am Samstag zum Bergwandern. Ach ja, ich hatte auch noch einen Termin in einem Schloss Café am Sonntagnachmittag, wo ich eine meiner möglichen Tanzpartnerinnen traf.

An der Stelle möchte ich vorausschicken, ich hatte mein ganzes Leben lang keine Frau gefragt, ob sie mit mir schlafen wolle, und tat das auch während dieser Dating-Zeit nicht. Es war immer umgekehrt, auch bei Arbeitskolleginnen. Ich habe ihnen entweder mit meinem Verhalten und manchmal auch mit Worten klargemacht, dass ich kein Interesse hatte, auch wenn sie sich schon freimachen wollten.

Auch wenn es seltsam klingt, ich war sehr schüchtern na ja, irgendwann dann nicht mehr so richtig und mein Ansatz war eigentlich, ich fange nur was an, wenn ich sehr auf mein Gegenüber stehe und wenn ich mir wirklich auch eine Zukunft vorstellen kann.

Ich muss leider sagen, dass das viele Frauen im Alter von 38 bis 50 Jahren das ganz anders sahen und so ganz konnte ich meine Vorgaben nicht immer einhalten, weil die Frauen den Takt bestimmen und Frauen genauso lügen wie Männer oder sogar häufiger, das musste ich auch lernen.

Alles schien also nach Plan zu laufen. Das Tanzdate war ausgemacht, das Bergwandern geregelt und das abends Vorbeischauen bei der Dame, mit der ich auch am längsten telefoniert hatte, war auch vereinbart.

Ich fuhr also zu ihr in eine schöne Wohngegend. Es wurde mir die Tür geöffnet. Schummriges, gedämpftes rotes Licht erwartete mich. Sie hätte eine Tochter, die nicht da wäre, sei geschieden und das Hauptthema waren Männer und ihr Verhalten. Ich verhielt mich sehr zurückhaltend. Frauen, deren Gesicht ich nicht mal sah und denen ich nicht in die Augen schauen konnte, waren mir suspekt.

Trotzdem war das Gespräch nett und wir verabredeten uns zu einer Spritztour mit meinem Cabrio. Dieser Termin fand auch statt. Diesmal sah ich sie und die Spritztour war aufschlussreich, aber ich hätte es mir sparen können. Ich hatte wieder was gelernt. Sie hatte eine wirklich total schlimme Narbe im Gesicht.

Übrigens zählte für mich nicht unbedingt die Schönheit, sondern dass eine Frau im Leben was darstellte und trotzdem Zeit für uns hatte und mir natürlich auch sympathisch war und meine übertriebene, lustige Seite verstand, also dass ich vor mich hinsang oder irgendeinen Unsinn erfand. Sie sollte das für gut befinden. Meiner Frau gefallen solche Sachen tatsächlich und wenn ich gut drauf bin, mache ich das immer noch. Wir haben nicht umsonst eine Sau und Lutz den Hund als Handpuppe zu Hause. Fußball gucken und faul rumliegen, sollte sie mich lassen, damit ich spinnen konnte.

Beinahe Tod

Also mit solchen Einschränkungen war es sicher nicht so einfach, den Deckel auf meinem Topf zu finden. Na ja, viele Frauen hatten erst mal andere Prioritäten. Ich ging dann am Samstag Bergwandern, und obwohl ich ja eigentlich sehr fit war, Stürmte ein rothaariger Pumuckel den Berg schneller hoch als ich. Die gute Frau war 45 Jahre alt und ich bekam kaum Luft. Hatte ich vielleicht eine Grippe? Unter der Woche hatte ich schon leichte Probleme beim Hochtragen der Wäsche gehabt und das Joggen hatte ich ausfallen lassen müssen. Alles war seltsam. Es war ein schöner Tag. Ich kam heil den Berg runter und dann ging es mir wieder ganz passabel. Ich fuhr sie nach Hause und wir verabredeten uns zu einem gemeinsamen Filmabend bei mir. Ich hatte ja Zeit und verspürte keinen Druck. Mir war total klar, ich will keinen Sekt, sondern einfach nur ein bisschen ratschen und einen Film gucken. Also, warum nicht?

Am nächsten Tag fühlte ich mich wohl und ich wollte nicht schon den ersten Übungstanzabend absagen.

Es waren auch Bekannte von mir da und wir saßen zusammen am Tisch. Ich dachte, es macht schon einen guten Eindruck, wenn es hier Leute gibt, die mich mögen und kennen. Das erste

Lied war eine Rumba und ich fing schon leicht zu schwitzen an, dann folgte ein Wiener Walzer und ich war sehr verschwitzt. Ich dachte, es lege an dieser gut proportionierten Frau, und dass ich nervös geworden wäre, und sicher, es war nicht ganz einfach, sie um die Ecken zu schleifen, aber es ging.

Ich kehrte an unseren Tisch zurück und meine Freunde, die mich so noch nie gesehen hatten, fragten, was denn los sei. Ich hatte keine Ahnung. Ich fühlte mich nur etwas seltsam. Sie sagten, ich sei sehr blass. Es wurde irgendwie nicht besser und ich spürte, wie mir der Schweiß die Beine runterlief. Nun ahnte ich, dass da was faul war, und ich wollte nach Hause fahren. Das unterbanden meine Freunde umgehend und nahmen mir den Schlüssel ab. Sie riefen einen Krankenwagen, der umgehend kam und mich ins Krankenhaus fuhr. Meine Freunde informierten dann auch meine Eltern.

Ich war von oben bis unten patschnass, konnte aber noch klar denken und meiner Wahrnehmung nach eigentlich noch halbwegs vernünftig atmen. Die Blutunteruntersuchung war durch und ich durfte nur noch liegen und nicht stehen. Ich musste auf die Intensivstation, wo mir Sauerstoff gereicht wurde, und ich bekam Spritzen in den Bauch. Diagnose: Lungenembolie. Alarmstufe rot.

Über mir war ein Gerät, das blinkte und einen Alarm von sich gab, wenn der Sauerstoffgehalt zu niedrig war. Wenn das passierte, kam wieder der Arzt und hat mich beobachtet. Ich bin eigentlich immer eingeschlafen, nur wenn dieser blöde Alarm losging, wurde ich wieder wach. Ich hatte die Nacht gut überstanden und fühlte mich eigentlich ganz gesund. Der Arzt kam und sagte, da haben Sie noch mal Glück gehabt. Er meinte, es sah nicht gut aus, wenn Sie nach Hause gefahren wären, wären Sie jetzt woanders. Ich fragte: wo? Der Arzt:„im Leichenhaus." Der kannte wohl meinen Humor und mir wäre es egal gewesen, ich hatte in diesem Leben schon genug geweint. Der Herr Gott wollte aber noch mehr sehen und das sollte er auch.

Beide Lungenflügel waren voller Blutblasen, und im linken Knie wurde eine Thrombose gefunden, die sich geöffnet hatte, und das Zeug war dann in die Lunge marschiert. Nach einer Woche wurde ich aus dem Krankenhaus entlassen, aber ich musste ein halbes Jahr Strümpfe tragen und Medikamente nehmen und war nach dem Krankenhausaufenthalt noch für eine Woche zu Hause. Noch im Krankenhaus hatte ich mein nächstes Date vereinbart.

Am Sonntag darauf sollten meine Freunde kommen und die Dame, mit der ich beim Wandern war (der Pumuckl) lud sich fast schon selbst ein.

Extrem lustig fand ich auch, als ich in den Krankenwagen stieg und meine Tanzpartnerin an die Tür klopfte und fragte: „Gell, wir tanzen schon weiter, oder?"

Ich habe sie nie wieder gesehen. Sie wusste auch nicht, wie es um mich stand. Die Bergfrau (der Pumuckl) kam also am Samstag und mit meinen Freunden war Weißwurstessen für Sonntag geplant. Sie waren ja noch nie in der Wohnung und neugierig. Es war ein gemütlicher Filmabend. Ich habe etwas gekocht, aber mit dem Alkohol sollte ich aufpassen. Ich brachte sie zum Zug, aber nachdem wir uns verabschiedet hatten, meinte sie, sie hätte was vergessen und sie wäre schon wieder auf dem Rückweg. Ich sollte sie am Bahnhof abholen. Das ging ja gut los. Also bezog ich im Gästezimmer das Bett für sie. Am nächsten Tag aß die Bergfrau meine Weißwürste. Ich gehöre da nicht dazu, sagte sie zu meinen Gästen und nachdem die Gäste gegangen waren, brachte ich sie zum Zug und sah sie nie wieder. Das Gästezimmer wird ihr doch nicht so ganz gepasst haben und was sie vergessen hatte, war mir auch nicht klar ihre Anspielungen während des Filmabends ließen auf was anderes hindeuten.

Ich habe eine Liste angelegt mit all den an Frauen die ich in dieser Datingzeit getroffen habe, auch um nicht durcheinander zu kommen. Es waren sehr viele aber um all diese Geschichten hier zu erzählen müsste ich ein gesondertes Buch darüberschreiben.

Es war der absolute Wahnsinn. Ich war immer extrem nah am Wasser gebaut und jetzt war ich ein Dating-Junkie, Psychologe, Zuhörer, Tröster, Aufheiterer, Hoffnungsträger, Entäuscher, Enttäuschter und das alles manchmal gefühlt an einem

Tag.Das wird der Sache natürlich nicht gerecht. Ich wollte einfach jemanden finden, der zu mir passte, und nicht allein sein.

Ich möchte eigentlich nur von Frauen erzählen, mit denen ich zusammen war.

Die Beweggründe fast aller Damen waren die Einsamkeit, die Hoffnung auf ein neues Glück, der Wunsch, etwas Neues zu erleben und jemanden zu haben, mit dem man einschlafen und aufwachen und sich austauschen kann, und das Bedürfnis, berührt zu werden. Keine Frage, mir ging es ja genauso.

Der Beginn eines Gesprächs mit all den Damen, die ich getroffen hatte waren eigentlich sehr ähnlich.

Warum bist du hier? Was hast du erlebt?, Wie geht es dir jetzt?, Bist du glücklich? Was möchtest du und Was wünscht du dir noch vom Leben? Mein Spruch war immer, **ist es schlimm, dass ich hier sitze?**, und in der Regel wurde dann gelacht.

Ich habe von vielen traurigen Schicksalen erfahren, die wirklich schwer zu verarbeiten waren, beispielsweise vom Tod der Kinder, gewalttätigen Beziehungen und Krankheiten.

Ich habe so viel Neues erfahren und gelernt, habe mich auch nie verstellt und habe mich so gezeigt, wie ich bin. Wenn ich dann mal eine kennenlernen wollte und sie sich ganz was anderes vorgestellt hatte, war es nicht mehr so schlimm für mich.

Man muss auch mit Ablehnung leben können.

Ich bin so froh, dass ich meine jetzige Frau gefunden habe, mit der ich schon 13 Jahre zusammen bin. Ich werde bis an mein Lebensende immer wieder weinen müssen, aber ich kann das annehmen. Warum das so ist, erläutere ich noch.

Mein nächstes Date war ja schon geplant. Das hatte ich mit einer etwas stämmigen Thüringerin, die im Jugendlaufkader der DDR gewesen war, eine bildhübsche Tochter, die Kunst studierte, hatte und deren Mann sich umgebracht hatte. Wir hatten schon ein paarmal telefoniert und sie wusste, dass ich harmlos war. Sie kam zu mir und wir hatten schon am ersten Abend engeren Kontakt.

Sie malte mir zwei schöne Bilder und wir hatten vereinbart, dass ich ihr 100 Euro dafür geben würde. Ich fand das fair. Ich konnte es drehen und wenden, wie ich wollte, ich war einfach nicht verliebt und beendete es nach drei Monaten. Ich hatte den Eindruck, dass ich sie nicht allzu sehr verletzt hatte.

Die nächste Dame, die ich traf, war im Bildungswesen tätig, die nicht weit weg wohnte. Wir gingen zum Italiener und sie lud mich gleich beim ersten Date zu sich ein. Sie lebte in einem sehr schön eingerichteten Haus.

Sie war eine wirklich hübsche, schlanke, elegante und gebildete Frau, die zwei ältere Kinder hatte, die zufällig nicht da waren.

Gleich beim ersten Date mit ihr zu schlafen, wollte ich nicht. Ich fand sie einfach nur toll.

Am darauffolgenden Mittwoch um 13:00 Uhr kam sie zu mir. An dem Tag war ich immer im Homeoffice und um 16:30 Uhr musste sie los, wegen ihrer Kinder und so.

Das ging sechs Wochen lang. Manchmal konnte sie sich Zeit frei machen, manchmal nicht. Wir waren auch mal mit meinen Freunden essen und ich lernte ihre Kinder kennen. Das lief so ungefähr drei Monate.

Glücklich war ich nicht so ganz, doch in meiner Naivität dachte ich, dass wir schon richtig zusammenfinden würden, und ihre Kinder mochten mich auch.

Der Zusammenbruch

Sie kam dann an einem Mittwoch zu mir und sagte, sie könnte kein Leben mit mir führen, aber sie könnte doch jeden Mittwoch zu mir kommen und ich könnte mir parallel andere Frauen angucken. Sie stünde dem nicht im Weg. Ich hatte mich aber verliebt. Ich war immer noch dieser kleine Junge und musste viel weinen und noch viel mehr lernen. Ich habe sie rausgeschmissen und eine Dating-Pause eingelegt.

Es sollte aber noch viel schlimmer kommen.

Zwei Wochen später wurde ich zu Freunden eingeladen.

Die Frau des Hauses hatte eine Freundin, die ich zu Ex-Zeiten auch gekannt hatte. Ich fand diese Frau einfach umwerfend. Wie durch Zufall kam sie gegen späterem Abend auch dazu.

Sie hatte eine Tochter, die mit ihren 8 Jahren im gleichen Alter war wie die Tochter der Freunde, und sie durfte auch bei ihnen übernachten.

Die Erwachsenen hatten auch ein wenig zu viel getrunken und ich konnte nicht nach Hause fahren. Ich lag auf einer Matratze am Boden und die Freundin bekam in dem Zimmer ein kleines Bett. Sie fragte dann ob es bei ihr im Bett nicht angenehmer sei und so begann die fünfmonatige Beziehung, die sie beendete, nachdem ich ihr beim Umzug geholfen hatte. Irgendwas passte zwischen uns nicht. Sie hatte so dünne, schmale Hände, und in bestimmten Situationen, wenn wir unsere Hände überkreuzten, taten mir jedes Mal die Finger richtig weh.

Ich habe natürlich wieder sehr viel geweint und das sehr lange, aber nicht so sehr um die Frau, sondern vielmehr um das Kind weil ich zeitweise die Papa-Rolle spielen durfte und ihr Kind sehr mochte. Ich musste mich für fünf Tage krankmelden, um all das mit etwas Hilfe zu bewältigen. Ich war so übernächtigt, dass ich zum Hausarzt gehen musste, weil ich mich total schlecht fühlte. Ich kam also dran und dann wurde mein Puls gemessen. Ich erwachte erst wieder im Hubschrauber. Was ist denn hier los, wo bin ich, fragte ich. Wir fliegen Sie jetzt ins Krankenhaus, weil Sie ohnmächtig geworden sind, sagte man mir.

Im Krankenhaus machten sie alle möglichen Untersuchungen und stellten rein gar nichts fest. Eine Assistentin steckte mir ihre Telefonnummer zu, aber ich weiß jetzt gar nicht mehr warum. Wir hatten ein bisschen über Gesundheit geratscht und sie nahm mir die Nadel aus dem Unterarm.

Dabei hatte sie wohl einen Fehler gemacht, denn Blut lief in meine Hand. Es wurde sofort ein Arzt herbeigerufen, der das Problem lösen konnte. Meine Mutter, die mich abholte, schrie und ich auch. Ich hatte böse Schmerzen. Die Assistentin habe ich nicht angerufen. Ich ging abends noch zu der Ärztin, die den Hubschrauber bestellt hatte Sie konnte gar nicht fassen, dass ich schon wieder zu Hause war.

Ich war schnell wieder auf den Beinen und dann begann der wilde Ritt. Ich wechselte die Plattform und bekam eine andere Damenwelt zu Gesicht, aber eigentlich wollte ich nur ratschen und habe fast durch die Bank alle Damen nicht ausgezogen und sich nicht ausziehen lassen. Die Möglichkeit war aber sehr oft vorhanden.

Hilfe bekam ich in der Arche weil ich wieder sehr viel weinte und so nahm ich zwei Monate lang wöchentlich an einer Gesprächsrunde teil, bei der ich Menschen mit weit größeren Problemen als die meinen traf. In dieser Zeit stolperte ich dann über das Angebot aus einem Dating-Portal einer Dame (mir fällt gerade kein besseres Wort ein), mit der ich fast drei Jahre zusammen war einschließlich einer Pause von vier Monaten. Während der Pause lernte ich noch zwei andere Damen kennen.

Natürlich fiel es auch in der Arbeit auf, wenn ich binnen zwanzig Minuten vier unterschiedliche Damen am Telefon hatte.

Die Excel-Liste war bitter notwendig.

Mit der neuen Freundin habe ich sehr viel erlebt. Sie sah etwas älter aus als auf dem sehr offenherzigen Foto auf der Dating-Plattform und sie war sehr schnell verrückt nach mir.

Sie war mit zwei Rechtsanwälten der oberen Garnitur verheiratet gewesen und hatte in bester Lage eine riesige Dachterrasse, Dessous vom Feinsten, die teuerste und schönste Küche, die ich je gesehen habe, eine Badewanne, einen riesigen Fernseher im Bad und vieles mehr.

Sie erhielt dieses Haus plus einer monatlichen Zuwendung.

Sie hatte kein Kind bekommen können und wurde aussortiert. Er bezahlte ihr Kochkurse bei Sterneköchen und liebte ausschließlich Kurzreisen zu Sterneköchen, denn mehr war auch zeitmäßig gar nicht drin. Er ließ sie das Abitur nachmachen, nach dem sie dann Englisch studierte. Sie hatte natürlich auch eine Platinkarte und einen schönen Mercedes.

Ich fuhr das erste Mal im Mai an einem Freitag zu ihr. Sie war sehr enttäuscht, denn ich kam locker in Jeans und einem einfachen T-Shirt daher, während sie mich in einer tollen weißen Bluse empfing. Sie hatte für Sonntag einen Tisch in einem Sternerestaurant reserviert und wollte mich einladen. Sie hatte an dem Tag Geburtstag. Nun gut, der Befehl lautete eindeutig, am Samstag einkaufen zu gehen. Anzug, Hemd, Krawatte, Schuhe, Socken. Sie hatte Geschmack, gar keine Frage. Der Sonntag war gerettet, aber mein Konto ein wenig belastet.

Am nächsten Wochenende kam sie zu mir durchstöberte sie meine Bettwäsche. Die Woche darauf musste ich drei neue Garnituren kaufen.

Prinzipiell hatte sie ja Recht, aber mein Konto war damit nicht glücklich.

Ich hatte im August noch einen Single-Urlaub nach Fuerteventura gebucht, was auch mit der Trennung von der Dame mit dem Kind zusammenhing.

Da machte sie ein Theater vom Feinsten. Jeden Abend musste ich für zwei bis drei Stunden am Telefon bereitstehen. Bleibst du mir treu, gehst du mir fremd und so weiter. Ich blieb standhaft und verbrachte den Urlaub durch Zufall mit zwei netten Damen, aber ich war natürlich ganz brav und brach den Urlaub zwei Tage früher ab.

Wir unternahmen viel. Ich war in der Oper und in teuren Restaurants, wobei meistens ich dann zahlen musste.

Ich musste mir dann Skischuhe kaufen, weil sie unbedingt Ski fahren wollte.

Ich bin ja schon lange nicht mehr gefahren und wir nahmen uns für zwei Tage einen Skilehrer. Ich fuhr dann besser als sie, was auch keine Kunst war. Sie fuhr so, als stünde sie zum ersten Mal auf Skiern.

Eigentlich verstanden wir uns in manchen Bereichen ganz gut. Ihr Millionär hatte sie gut erzogen.

Sie kochte toll und wir fuhren davor meist in die Großmarkthalle, wo sie bezahlte (Steinbutt, kanadisches Rind und so).

Wir haben aber auch gestritten, wenn sie was unbedingt wollte, was ich nicht wollte. Sie war auch wegen des Umgangs ihres Ex-Mannes mit ihr traumatisiert. Das bekam ich erst nach und nach mit.

Mein Geld wurde knapper. Ich hatte ihr die Auswahl des Hotels für unseren ersten Badeurlaub überlassen. Sie buchte natürlich das teuerste Hotel auf Zypern, das einen chinesischen Sternekoch hatte, und die Hotelsprache war ausschließlich Englisch. Der Hotelier wunderte sich schon, dass Deutsche dort gelandet waren.

Jeden Morgen um 10:00 Uhr wurde ich von einem Kanadier zu einem Drink eingeladen und sie unterhielt sich sehr oft mit einer versnobten Engländerin. Sie wollte auch unbedingt auf die Wiesn gehen und bei Lodenfrey ein Dirndl kaufen. Es war sauteuer. Ich konnte mir finanziell gesehen leisten, ihr die Schürze zu schenken. Ich wusste, ich musste bald aus der Beziehung raus, und machte ihr dann klar, dass wir aus zwei unterschiedlichen Schichten kamen. Sie hatte sehr reiche Freunde, die ein Haus am Ammersee besaßen. Er war eine stinkreicher Unternehmer,der in den USA studiert hatte und ich dagegen der ungebildete arme Bauer.

Zu Weihnachten wurde ich von der edlen Gesellschaft ausgeladen.

Der Punkt war echt erreicht und ich musste die Reißleine ziehen, und zwar subito. Ich war sehr traurig, aber ich bin ja auch Realist.

Ich fuhr nach Hause und erst mal herrschte Funkstille.

Ich hatte sie gefragt, ob sie mich liebte. Sie hatte keine Antwort gegeben und das war auch mein Aufhänger.

Ich hatte bald eine neue Bergwanderfreundin und ich dachte, alles passe erst mal. Ideal war diese Beziehung nicht, aber das war uns beiden klar.

Die teure Dame rief mich immer wieder an. Was machst du, was tust du und ich würde so gerne mit dir auf die Wiesn gehen, sagte sie. Zu der Zeit war ich fertig mit den Frauen. Ich hatte nach der Stuttgarter Zeit auch zugenommen, was bis heute mein Problem ist, und ich wollte erst mal wieder fit werden.

Sie kam also zum Oktoberfest. Sie hatte sich eine Woche Urlaub genommen und ich wurde da verführt? Auf alle Fälle haben wir es noch mal ein halbes Jahr probiert, aber dann fing sie an, nach Bayern ziehen und dort ein teures Haus kaufen zu wollen. Ich sah den Einfluss ihrer weiteren Ansprüche ans Leben auf mein Bankkonto. Die Lokale wurden zwar billiger, aber es gab auch aus vielen anderen Gründen keinen Weg für uns zwei.

Natürlich habe ich da wieder geweint und dann bin ich ins Bett gestiegen und habe eigentlich zum ersten und auch zum letzten Mal zwei Flaschen Rotwein getrunken, die beide noch von ihr waren. 75 Euro pro Flasche, dabei vertrage ich doch kaum Alkohol.

Vor Weihnachten rief sie mich an meinem Arbeitsplatz an und wollte unbedingt vorbeikommen.

Ich war da schon mit meiner heutigen Ehefrau zusammen und sagte ihr, das geht nicht. Dann schrie sie am Telefon, sie würde sich umbringen. Ich sagte, wenn du das noch mal sagst, schicke ich die Polizei vorbei.

Daraufhin legte sie auf.

Ich hoffe, sie lebt noch und ist glücklich.

An meinem fünfzigsten Geburtstag saß ich allein mit meinen Eltern zusammen, die so gut wie nichts von meinen Eskapaden wussten. Abgesehen von meiner langjährigen Beziehung. habe ich ihnen die anderen Beziehungen nicht vorgestellt. Ich habe also traurig ein Stück Kuchen angeguckt, zwei Bierchen in einer Kneipe getrunken und bin nach Hause gefahren, wo ich geweint, aber auch gebetet habe.

Lieber Gott, hilf mir, und er hat mir tatsächlich geholfen.

Anfang Oktober meldete ich mich auf einer neuen Plattform an und sah ein Foto von einer großen, blonden Frau. Ich hatte einen erotischen Traum von einer großen blonden Frau gehabt, obwohl meine Freundinnen ja in der Regel klein waren, und ich konnte damit überhaupt nichts anfangen, aber das war sie.

Ich versuchte sofort, ihre Telefonnummer rauszubekommen, und rief sie an und sagte ihr, dass ich sie unbedingt sehen wollte.

Ich hatte klar vor Augen, dass sie meine Ehefrau werden würde. Ich wusste es, als ich dieses Bild sah, und ich wusste, dass ich sie lieben würde und sie mich.

Das ist rational nicht zu erklären.

Auf dem Nachhauseweg von der Arbeit fuhr ich immer eine Abkürzung über hügeliges Gelände, gerne auch Vollgas.

Bergab sah ich plötzlich eine alte Dame vor mir auf dem Fahrrad. Ich war mir sicher ich fahre diese Frau jetzt tot und mein Leben ist jetzt so oder so zu Ende. Ich kann mich nur noch erinnern, dass ich weiter unten auf der Straße aus dem Auto ausgestiegen bin, ich war klatschnass und die Frau fuhr mit ihrem Fahrrad an mir vorbei. Ich hatte einen totalen Filmriss. Ich habe mich beim Herr Gott und allen Schutzengeln dieser Welt bedankt, mich an den Straßenrand gesetzt und eine halbe Stunde in die Sonne geschaut. Ja, ich glaube an Schutzengel.

Sie war, wenn ich alles zusammenrechne, die erste Frau, die ich in meinem Leben so ansprach. Bei allen andern ging der Schritt von den Damen aus.

Na ja, wenn ich es ganz genau betrachte, war es bei meiner Ehefrau auch nicht so anders.

Wir sind jetzt 13 Jahre zusammen und hatten eine tolle Hochzeitsfeier, bei der ich für sie gesungen habe. Ich hoffe, wir halten fest zusammen. Wir sind jetzt zehn Jahre verheiratet und haben ein für uns passendes Haus gefunden, uns mit unseren drei jungen Katzen eine Lebensaufgabe gestellt, schöne, tolle Urlaube verbracht und wir hoffen auf ein schönes, restliches, halbwegs gesundes Leben in dieser wirren Zeit. Wir haben neue Freunde gefunden. Ich nahm so zum Spaß Gesangsunterricht, habe auf einer Aida-Kreuzfahrt einen Gesangswettbewerb gewonnen und ab und an singe ich immer noch vor mich hin. Gedichte schreibe ich weiterhin, außerdem verfasse ich Dialoge für unsere Stofftiere für meinenYoutube-Kanal und treibe Sport.

Schon etliche Kollegen habe ich mit Abschiedsgedichten überrascht und auch Freunde bei Geburtstagsfeiern. Für das Singen in einem Chor bin ich leider ungeeignet. Es liegt nicht nur am Gesang, sondern auch an den vielen Menschen. Ich fühle mich da nicht so wohl und fühle mich auch sehr schnell angegriffen. Ich komme einfach grundsätzlich besser mit Frauen als Männern klar. Das war schon immer so. Ich habe leider keine Familie mehr. Meine Mutter und meine Schwester mögen mich einfach nicht und haben mich fast um mein ganzes mögliches Erbe betrogen. Was ich fast schon glauben muss, aber nicht sicher weiß, ist, dass es sein könnte, dass meine Mutter mich noch nie geliebt hat. Ich glaube trotzdem, es ist alles gut so, wie es ist, und wie mein Cousin der Pfarrer sagte, der Herr Gott wird es schon richten.

Niemand kann was für seine Gefühle und der Mensch ist nicht dazu da, jemand anderen zu verurteilen. Ich wollte diese Welt immer verlassen, ohne dass mich jemand hasste, und ich hoffe wenigstens auf ein paar, die mich gernhaben und so akzeptieren, wie ich bin.

Ich war wegen dieser ganzen Erbschaftsgeschichte bei einer Psychologin. Ich habe ihr vieles erzählt, das nicht mal hier drinsteht, und sie meinte, dass ich noch lebe, sei eher nicht die Norm. Zu der Geschichte mit meiner Mutter hatte mein Cousin, gesagt, dass man Scherben, die am Boden liegen und kaputt sind, nicht aufheben muss. Ich habe sie erst kürzlich in ihrer kleinen Wohnung im betreuten Wohnheim besucht. Sie hatte Krebs und kann kaum gehen. Ich habe in Ruhe mit ihr gesprochen, aber ich konnte sie nicht mehr umarmen.

Ich weiß, ich werde in meinem restlichen Leben noch viel weinen müssen, aber ich werde es überstehen.

Gerade frisst unsere traurige Katze vor meinen Augen aus dem Fressnapf und das gibt mir Hoffnung, dass alles gut wird.

Ich schreibe gerade an meinem zweiten Buch, singe vor mich hin und bin vielleicht sehr krank, aber ich werde von meiner Frau geliebt und so akzeptiert, wie ich bin, und habe echte Freunde was will man mehr.

Es gäbe noch so viel zu erzählen, von all den Frauen, die ich getroffen habe, und lustige Männergeschichten. Vielleicht mache ich das in einem anderen Buch oder im nächstem Leben.

Nachwort

Mein Leben war so nie geplant. Ich wollte Kinder und eine liebe Frau haben und jeden Tag glücklich sein.

Glücklich war ich oft nicht und ich habe viel geweint und habe nach wie vor Angst, aber ich bin jetzt alt und kann besser damit umgehen. Es ist schon wahr, mit Frauen verstehe ich mich noch heute am besten, und ich rede gerne mit ihnen über Gott und die Welt und einfach nur darüber, wie es ihnen und mir geht. Natürlich musste ich mich im Berufsleben manchmal besser verkaufen und manchmal aus Angst und sonstigen Gründen schwindeln.

Ich habe versucht, immer nett zu den Menschen zu sein, hatte sehr selten Streit und wurde wegen meiner Art meist gemocht. Wenn ich mich wirklich wehren musste, habe ich das auch getan.

Die einzigen Menschen, mit denen ich nicht klarkam, waren meine Eltern und meine Schwester. Vielleicht hätte ich doch nicht geboren werden sollen, vielleicht irre ich mich und habe nichts verstanden, vielleicht war und bin ich der Schuldige.

Jetzt haben wir drei weibliche Katzen, die ich sehr liebe und für die ich genauso wie für meine Frau Verantwortung trage. Ich bete zu Gott, dass er mir noch viel Zeit gibt, um auf sie aufzupassen, und ich möchte genauso wie schon mal vor dem Einschlafen, wenn ich die Augen zumache, meinen Vater wiedersehen. Ich möchte grüne Landschaften und dieses helle, grelle Licht erblicken, und natürlich möchte ich auch, wie jeder andere, dass Menschen gerne an mich denken, wenn ich nicht mehr bin.

Doch eigentlich ist dieses Buch, dieser Text ja unwichtig, wenn man an das viele Leid so vieler Menschen denkt, gerade in der heutigen Zeit.

War dieses Leben wirklich unwichtig und sinnlos? Ich weiß es nicht.

novum VERLAG FÜR NEUAUTOREN

Bewerten
Sie dieses Buch
auf unserer
Homepage!

www.novumverlag.com

EIN HERZ FÜR AUTOREN A HEART FOR AUTHORS À L'ÉCOUTE DES AUTEURS MIA KAPΔIA ΓIA ΣYΓΓ
...ΦΕΙΣ FÖR FÖRFATTARE UN CORAZÓN POR LOS AUTORES YAZARLARIMIZA GÖNÜL VERELIM S
...ORE PER AUTORI ET HJERTE FOR FORFATTARE EEN HART VOOR SCHRIJVERS TEMOS OS AUT
...RZÓINKÉRT SERCE DLA AUTORÓW EIN HERZ FÜR AUTOREN A HEART FOR AUTHORS À L'ÉCO
...РАСÃO ВСЕЙ ДУШОЙ К АВТОРАМ ETT HJÄRTA FÖR FÖRFATTARE À LA ESCUCHA DE LOS AUTO
...EURS MIA KAPΔIA ΓIA ΣYΓΓΡΑΦΕΙΣ UN CUORE PER AUTORI ET HJERTE FOR FORFATTARE EEN
...ARLARIMIZA ...ERZÓINKÉRT SERCE DLA AUTORÓW EIN HERZ FÜ
...SCHRIJVERS ...ORAÇÃO ВСЕЙ ДУШОЙ К АВТОРАМ ETT HJÄRTA FÖ

Der Autor

Der Autor, der unter dem Pseudonym Johannes
Hroner sein erstes Buch publiziert, wurde 1961
als der Sohn eines Handwerkers geboren. Selbst
verfügt er aber über kein handwerkliches Talent,
was ihm seine Kindheit nicht unbedingt einfacher
gemacht hat. Sein Alltag war lange von vielen
Ängsten geprägt, aber trotzdem hat er nach
seinem vorzeitigen Abgang vom Gymnasium doch
noch aus beruflicher Sicht rechtzeitig die Kurve
gekriegt. In seinem beruflichen Kontext konnte er
sich im Hinblick auf Textarbeit an Projekthandbü-
chern und Bedienungsanleitungen üben. Schreiben
und Dichten sind jedoch schon seit seiner Kindheit seine Lieblingsaktivitäten. Mit 50 Jahren traf
er nach einigen erfolglosen Beziehungen seine
Ehefrau, mit der er nun sein Leben verbringt,
und er tut auch endlich das, was er liebt. In „Ein
seltsames, sinnloses Leben" lässt er all dies Revue
passieren.

novum VERLAG FÜR NEUAUTOREN

Der Verlag

*Wer aufhört
besser zu werden,
hat aufgehört
gut zu sein!*

Basierend auf diesem Motto ist es dem novum Verlag
ein Anliegen, neue Manuskripte aufzuspüren, zu ver-
öffentlichen und deren Autoren langfristig zu fördern.
Mittlerweile gilt der 1997 gegründete und mehrfach
prämierte Verlag als Spezialist für Neuautoren in
Deutschland, Österreich und der Schweiz.

**Für jedes neue Manuskript wird innerhalb we-
niger Wochen eine kostenfreie, unverbindliche
Lektorats-Prüfung erstellt.**

Weitere Informationen zum Verlag und
seinen Büchern finden Sie im Internet unter:

www.novumverlag.com